Prospecção de Clientes Na Prática

Conhecimentos, Ferramentas e Estratégias Que Ajudarão Você a Prospectar Clientes Todos Os Dias, Aumentando Suas Vendas e Seus Lucros!

ADENILSON GIOVANINI

Copyright © Adenilson Giovanini

Todos os direitos reservados.

ISBN: **9798598811740**

Prospecção de Clientes Na Prática

Conhecimentos, Ferramentas e Estratégias Que Ajudarão Você a Prospectar Clientes Todos Os Dias, Aumentando Suas Vendas e Seus Lucros!

ADENILSON GIOVANINI

Sumário

AUMENTANDO O NÚMERO DE VENDAS PARA CADA CLIENTE 31

QUAL O SEU PÚBLICO-ALVO IDEAL .. 31

FAZENDO SUA EMPRESA AMADURECER 36

A JORNADA DE VITÓRIAS DO SEU PÚBLICO ALVO 38

DEFININDO A JORNADA DE VITÓRIAS DO SEU PÚBLICO ALVO 42

6 SACADAS QUE AJUDARÃO VOCÊ A OBTER RESULTADOS EXTRAORDINÁRIOS 45

    Defina Verbas De Guerra 46

    Jogue O Chapéu Do Outro Lado Do Muro 49

    Calendário Extraordinário 52

    Como Prever Problemas Com Antecedência E Ter Mais Segurança No Seu Dia A Dia 55

    Ouça O Burburinho 57

PLANEJAMENTO DE MARKETING: O QUE É E PARA QUE SERVE? 62

MARKETING ESTRATÉGICO 69

SINTA A DOR DE SEUS CLIENTES EM SUA PRÓPRIA PELE 76

ESTRATÉGIAS E TÁTICAS: TUDO QUE VOCÊ PRECISA SABER A RESPEITO..........77

DEFININDO O CONCEITO DE ESTRATÉGIA....................................78

CRIAÇÃO DA ESTRATÉGIA................86

CHACKLIST 5W2H.............................93

UTILIZE O PRIMEIRO PRINCÍPIO DO MARKETING A SEU FAVOR.........................95

MARKETING DE BRANDING VERSUS MARKETING DE RESPOSTA DIRETA 97

CASE PÃO DO URSINHO.....................98

INBOUND MARKETING: O QUE É E COMO UTILIZAR NO SEU DIA A DIA! 107

OS 4 FATORES QUE FAZEM OS CLIENTES COMPRAREM DE VOCÊ E NÃO DE SEUS CONCORRENTES 110

    Localização..111

    Qualidade no atendimento ao cliente 112

    Número de itens 114

    Tamanho da fachada da empresa....116

Estudo De Caso: A Estratégia Que Possibilitará Que Você Atraia Clientes Todos Os Dias Para Sua Empresa.................................118

MOSTRANDO O PROBLEMA PARA A PESSOA...125

EXEMPLO DE COMO VOCÊ PODE FAZER PARA ATRAIR MAIS CLIENTES PARA SUA EMPRESA 135

O REAL PROBLEMA DE SEU PÚBLICO-ALVO NUNCA É O PROBLEMA....................137

    SEGUNDO ESTUDO DE CASO..........159

        Tiro de alerta 160

    DEFINIÇÃO DO AVATAR....................192

        Mapa da empatia.............................200

    MODELO DE MAPA DA EMPATIA......201

    MODELO DE AVATAR 215

    ESCALE..220

TENHA UMA VERBA E UM CALENDÁRIO CONSTANTE DE MARKETING 221

    Como O Cérebro Humano Funciona E Como Utilizar Este Conhecimento Para Fidelizar Clientes 224

    UTILIZAÇÃO DO FACEBOOK ADS E GOOGLE ADS EM PROPAGANDAS LOCAIS 233

    ESTUDO DE CASO - UTILIZAÇÃO DE E-MAIL MARKETING PARA CAPTAÇÃO DE CLIENTES E REALIZAÇÃO DE VENDAS 237

    MARKETING DIGITAL E MENSURAÇÃO DOS RESULTADOS 240

CRIE UMA COMUNIDADE NO ENTORNO DE SUA EMPRESA......................248

COMO UTILIZAR O YOUTUBE PARA A OBTENÇÃO DE CLIENTES..........................252

ESTRATÉGIA AVANÇADA DE UTILIZAÇÃO DO YOUTUBE PARA ATRAÇÃO DE CLIENTES..255

ESTRATÉGIA AVANÇADA DE UTILIZAÇÃO DA FANPAGE PARA A OBTENÇÃO DE VENDAS.............................264

OS PROBLEMAS EXISTENTES POR TRÁS DA UTILIZAÇÃO DA FANPAGE..........271

A ESTRATÉGIA QUE POSSIBILITARÁ QUE VOCÊ ATRAIA CLIENTES TODOS OS DIAS PARA SEU ESCRITÓRIO......................283

Capítulo 1 – O Que Você Precisa Saber Antes de Pensar em Prospectar Clientes

No final de 2014 eu saí do escritório no qual trabalhava e tirei meu sonho do papel.

Finalmente era dono do meu próprio escritório.

Finalmente teria liberdade, dinheiro e reconhecimento profissional.

Bom, pelo menos era o que eu pensava.

Passada a euforia inicial, eu me vi imerso em um pesadelo.

Isso porque como não tinha dinheiro para comprar os equipamentos necessários, decidi empreender na área de educação, passando a ensinar os conhecimentos práticos que tinha obtido para outros profissionais.

O PROBLEMA era que eu <u>não entendia nada de marketing e de vendas</u>.

Com isso, tentei lançar um curso e adivinha quantas vendas eu tive?

0 vendas!

Isso mesmo. <u>Nenhuma venda</u>.

Tentei lançar outro curso e adivinha quantas vendas tive?

0 vendas!

Diante disso, o dinheiro que eu tinha poupado simplesmente terminou.

E você sabe o que é isso?

Sabe o que é você se esforçar muito, porém não ter resultados.

Você deve imaginar como eu me sentia nesta época:

Estava em pânico, completamente desesperado!

Deitava na cama e a avalanche de pensamentos não me deixava pegar no sono.

Eu pensava:

O que é que tenho que fazer para aumentar minhas vendas?

Como vou fazer para conseguir pagar as contas no final do mês?

Como ter resultados?

E tudo isso fazia com que eu <u>tivesse muito **medo**</u>.

Nesta época eu tinha medo de não conseguir atrair clientes.

Medo de nunca conseguir dar uma condição de vida decente para minha família.

E principalmente, muito medo de ver meu sonho virar cinzas e acabar tendo que voltar a trabalhar em um escritório da área.

Diante disso, minha autoestima foi detonada.

Foi desta maneira que eu <u>aprendi uma das maiores lições de minha vida</u>:

Que sem vendas não existe brilho!

Que as vendas são o motor da empresa.

P.S.: No caso, eu irei utilizar o termo empresa, porém se você é profissional liberal e possui um escritório, este livro também servirá para você.

Se existe bastante vendas, existe dinheiro, tendo dinheiro é possível:

- Inovar-se;
- Fazer cursos;
- Comprar equipamentos;
- Contratar colaboradores.

Perceba isso. Que se sua empresa tiver bastante vendas, você se sentirá andando no céu.

Do contrário, você viverá um inferno na terra.

Enfim, isso fez com que eu mergulhasse nos estudos de marketing e vendas.

Foram meses e mais meses nos quais estudei praticamente tudo que existia na internet.

Infelizmente, 95% daquilo tudo simplesmente não gerava resultados.

Porém, algumas das coisas que aprendi eram ouro puro.

Se prepara aí que eu vou abrir meu baú do tesouro e compartilhar meus melhores conhecimentos com você.

PARA SER UM PROFISSIONAL DE CARTEIRA CHEIA VOCÊ PRECISA <u>MUDAR O PONTO DE APOIO DA ALAVANCA</u>!

Se você realmente quer saber como lotar sua agenda, tendo uma das empresas de maior sucesso de sua região de atuação.

O primeiro passo é setar isso em sua mente!

Entenda:

Você precisa primeiramente definir seu monte Everest.

Ou seja, jogar um número, fazendo seu cérebro encontrar uma resposta.

2, 3, 10, 20 vezes o que você ganha hoje.

Não interessa quanto... O que importa é você setar um número.

Veja bem, isso não tem nada a ver com misticismo ou qualquer outra coisa do tipo!

Vamos deixar todas estas teorias malucas e superstições de lado!

O que eu estou falando aqui é algo cientificamente comprovado.

Isso porque ao setar um objetivo, você estará forçando seu cérebro a encontrar uma resposta.

Por exemplo, confesso que não posso reclamar. Atualmente o que lucro por mês é bem mais do que a grande maioria dos profissionais.

Também... Trabalhando feito um maluco. ☺

Porém, atualmente estou com um número setado em minha mente.

Até 2030, terei um escritório que lucra R$ 50.000,00 por mês.

Como farei isso?

Não sei.

Porém, perceba que:

O que move o mundo são as perguntas!

Com isso, você precisa setar as perguntas certas para seu cérebro, forçando o mesmo a encontrar respostas dotadas de sabedoria.

Eu mesmo, atualmente tenho 2 ou 3 caminhos possíveis pelos quais conseguirei estar lucrando R$ 50.000,00 por mês até 01 de janeiro de 2030.

Perceba que nossos cérebros evoluíram para sobreviver e não para realizar.

Desta maneira, você precisa de alguma maneira dibrar seu cérebro, fazendo o mesmo se tornar um realizador e não apenas um sobrevivente.

A maneira como você fará isso é setando um número e uma data.

Como disse, pouco importa se é 2, 5, 10 ou 20 vezes o que você ganha hoje.

Porém, faça isso, pegue uma folha A4 e escreva bem grande na mesma o valor e a data.

Por exemplo, eu colei esta folha no meu guarda-roupas.

Com isso, sempre que me deito na cama, olho para esta folha e paro alguns minutos pensando a respeito.

Preste atenção: você precisa fazer isso, escrever seu objetivo em uma folha e colar em um local visível é muito importante.

Isso porque com este procedimento você irá seguidamente visualizar seu objetivo, forçando seu cérebro a achar respostas.

Com isso, nós chegamos no segundo dos conhecimentos que ajudarão você a ser um empreendedor de carteira cheia.

PARA SER UM EMPRESÁRIO DE CARTEIRA CHEIA VOCÊ

PRECISA SER O CAPITÃO DE SEU BARCO

Este era um outro erro que eu cometia lá em 2015.

Eu não sabia que todo escritório ou empresa, pouco importa o tamanho, possui 3 setores.

Com isso, dedicava todo o meu tempo para as atividades corriqueiras do dia a dia, não tirava tempo para o planejamento estratégico.

E talvez você também esteja cometendo este erro.

Esteja se envolvendo completamente com as atividades do dia a dia da empresa e, como consequência, a mesma é um barco à deriva no mar.

Como disse, todo negócio, pouco importa o tamanho, possui 3 níveis.

Para que você entenda melhor que níveis são estes, vamos analisar sua empresa como se a mesma fosse um barco.

Isso porque todo barco, assim como toda empresa, possuí uma série de subdivisões.

Além disso, um barco normalmente parte de ponto A e precisa chegar em um ponto B.

Da mesma maneira que você hoje está em determinada posição e possui um monte Everest, o qual sua empresa ou escritório precisará escalar.

Para que o "*sistema barco*" funcione corretamente, o mesmo possui diferentes níveis que precisam trabalhar com um ajuste fino.

O primeiro dos níveis que um barco possui é o operacional, sendo que o mesmo é formado pelos marinheiros.

No caso, os marinheiros são os profissionais que irão executar as atividades diárias do barco. Por exemplo:

- Limpar;
- Monitorar o funcionamento; e
- Fazer a manutenção dos diferentes equipamentos.

O segundo nível existente em um barco é o nível tático.

Este nível é formado pelas pessoas que irão repassar as atividades para os marinheiros, fiscalizando para que o funcionamento saia conforme o planejado.

São pessoas que possuem um maior conhecimento, tendo a capacidade de tomar decisões assertivas diante de problemas, garantindo que o barco chegue a seu destino.

Perceba que o nível operacional e o tático não são os responsáveis por fazer o planejamento da viajem.

É o terceiro nível, o capitão do barco (timoneiro) que define o objetivo e o quanto de recursos são necessários.

O mesmo decide:

- Qual é a melhor rota;
- Em quais portos o barco deve parar;
- A que velocidade deve se deslocar; e
- Quanto de alimentos e combustível serão necessários durante a estadia em alto mar.

Dê uma espiada na imagem abaixo e veja os 3 níveis que constituem uma empresa.

Se olharmos para sua empresa, perceberemos que a organização da mesma é idêntica.

Isso pouco importa se a mesma é uma empresa de *"um homem só"* ou se possui dezenas de colaboradores.

A única diferença está no fato de que se a mesma for de pequeno porte, você exercerá todas as funções.

Já se a mesma for uma empresa de médio ou grande porte, as funções serão divididas em setores.

Perceba que é o estrategista (SEO, presidente ou dono) que faz juntamente com alguns executivos todo o planejamento.

É ele que definirá as metas, estratégias e táticas da empresa.

Em um segundo momento, o departamento de planejamento passará as atividades para o departamento executivo, que por sua vez, repassará ao departamento operacional, fiscalizando a implementação e monitorando o desenvolvimento das atividades.

Naturalmente, somente empresas grandes necessitam ter os 3 setores bem divididos.

Empresas menores, normalmente possuem apenas o proprietário, que cuida da parte estratégica e o setor operacional em si.

Perceba que sua empresa precisa ser um conjunto de rodas dentadas que se encaixam perfeitamente uma na outra.

Eu estou lhe passando estes conhecimentos porque, como disse, eu mesmo cometia este erro.

Me envolvia completamente com as atividades do dia a dia de minha empresa. Com isso, não dedicava nenhum tempo para o planejamento estratégico do mesmo.

Como consequência, minha empresa era como um barco à deriva no mar, que se deixava ser levado pelas correntezas.

Ou seja, eu precisei em um primeiro momento definir uma meta, definindo onde minha empresa estaria dentro de 10 anos.

Que assim como um barco possui uma rota, eu precisei criar a rota de minha empresa, setando uma meta para a mesma e com base nesta meta, definindo estratégias e táticas a serem implementadas.

Lembre-se que no tópico anterior eu falei que você precisava mudar o ponto de apoio de sua alavanca, setando um número em sua mente.

Pois este número nada mais é do que a meta de sua empresa.

Perceba que se você é *"uma empresa de um homem só"*, precisa dedicar tempo para o departamento operacional.

Ou seja, precisa fazer as atividades corriqueiras da empresa, prestando serviços para seus clientes.

Porém, você também precisa dedicar algum tempo para o departamento estratégico, definindo estratégias e táticas que serão implementadas pelo departamento operacional, possibilitando que a meta seja batida.

Por exemplo, todos os sábados, você dedicará 1 hora para analisar o que foi feito na semana e o que deve ser feito na próxima semana.

Também irá analisar quais estratégias serão implementadas.

E isso nos leva ao próximo tópico.

PARA SER UM EMPRESÁRIO DE CARTEIRA CHEIA VOCÊ PRECISA ENTENDER QUE <u>SÓ EXISTEM 3 JEITOS DE VOCÊ LUCRAR MAIS</u>!

Com o passar do tempo, eu percebi que precisava focar em apenas 2 coisas:

- Ser bom no que fazia;
- Entender de marketing, sabendo vender o que fazia.

Ou seja, além de ser bom no que faço, preciso saber vender meu peixe.

E isso fez com que eu percebesse que existem somente 3 maneiras de se aumentar as vendas e os lucros.

São elas:

- Aumentando a margem de lucros em cada venda;
- Fazendo mais vendas por cliente;
- Atraindo mais clientes para o escritório.

Perceba isso, que se você quer ser um empresário carteira cheia, precisa focar em trabalhar este tripé.

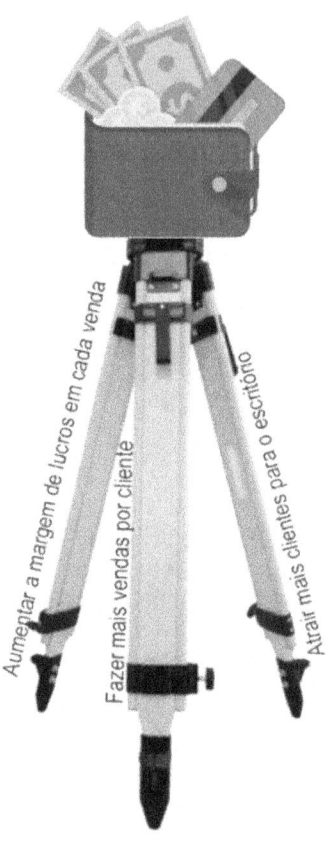

Infelizmente, a maioria dos profissionais foca somente em tentar atrair mais clientes para a empresa.

O problema é que fazem isso da maneira errada.

Isso porque os mesmos <u>agem loucamente, sem entender o que eu chamo de marketing raiz</u>!

Por exemplo, o empresário cria uma fanpage no Facebook e faz postagens na mesma.

Ou senão, faz panfletagem, utiliza moto-som ou alguma outra mídia social.

O problema disso é tentar utilizar uma mídia sem entender o marketing raiz.

Ou seja, sem ter os conhecimentos necessários de planejamento de marketing e posicionamento estratégico.

Por isso, antes de mergulharmos fundo nas estratégias de prospecção de clientes, precisamos dominar estes conhecimentos.

Isso porque senão estaremos tentando começar a construir o prédio pela laje.

Perceba que não tem como. Que o primeiro passo é construir fundações fortes.

É exatamente isso que faremos nos próximos capítulos.

Ou seja, fortaleceremos suas fundações, antes de construirmos as paredes e a laje.

Continuando....

Como disse antes, um dos piores erros cometidos pelos profissionais é que os mesmos focam somente em atrair clientes, se esquecendo de trabalhar as outras 2 pernas do tripé.

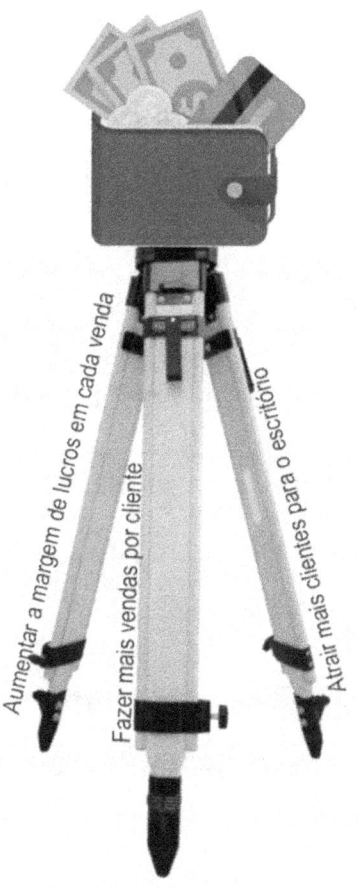

Ou seja, antes de tentar atrair mais clientes, você precisa:

- Aumentar a margem de lucro em cada venda realizada;
- Fazer mais vendas para cada cliente.

E porque eu digo isso?

Simples, porque <u>você não precisará desembolsar dinheiro para isso</u>.

Perceba isso, que o problema de focar em atrair clientes é que você precisará colocar dinheiro no jogo.

Como disse, precisamos primeiramente trabalhar as 2 outras pernas do tripé.

Primeiramente aumentar a margem de lucro em cada venda realizada.

E em um segundo momento, fazer mais vendas para cada cliente.

COMO AUMENTAR A MARGEM DE LUCROS EM CADA VENDA REALIZADA

Talvez você esteja pensando:

"Meu deus do céu, professor Adenilson.

Se eu aumentar minha margem de lucros os clientes irão me abandonar!

Será o fim do mundo! "

Não se apavore, exaustivos estudos mostram que se você aumentar suas margens de lucro em 15% a 25%, o aumento nos lucros mais do que compensará a queda nas vendas.

Por exemplo, pegue sua calculadora e vamos fazer um cálculo:

Digamos que você preste 6 serviços por mês, com uma margem de lucro de 15%.

Como o preço médio de cada serviço prestado é de R$ 2.000,00 reais,

(6*2.000*0,15), você lucra 1.800,00 por mês.

Digamos que você resolva implementar esta estratégia e de 15%, aumente sua margem de lucros para 25%.

Com isso, no começo alguns clientes irão reclamar, porém você perderá em média, somente 1 cliente por mês.

Fazendo os cálculos, (5*2.000*0,25), isso significa que de R$ 1.800,00, você passou a lucrar R$ 2.500,00 por mês.

Perceba que isso mesmo perdendo 1 cliente.

Ou seja, o que você está esperando para aumentar sua margem de lucros em cada venda realizada?

Um efeito colateral de ter um preço alto é que as pessoas associam preço alto a qualidade.

Logo, ao seu preço ser alto, seus serviços ou produtos serão vistos como tendo uma qualidade superior aos da concorrência.

Entenda, isso é psicológico, está impregnado na mente das pessoas. Preço alto é igual a produtos de melhor qualidade.

Logo, perceba que a mensagem que você está passando para seus clientes ao cobrar um preço mais baixo do que o de seus concorrentes é que seu produto ou serviço é de menor qualidade.

AUMENTANDO O NÚMERO DE VENDAS PARA CADA CLIENTE

Já o segundo pilar que você precisa trabalhar é aumentar o número de vendas para cada cliente. Para isso, eu preciso que você entenda algo chamado de jornada do cliente.

Porém, para entender a jornada do cliente, você precisa primeiramente ter um público-alvo definido.

Então vamos fazer isso.

QUAL O SEU PÚBLICO-ALVO IDEAL

Imagine a seguinte situação:

Seu filhinho brincando com uma lupa. Ele pega uma folha de papel, ajusta o foco da lupa e os raios de sol fazem a folha de papel se incendiar.

Isso acontece porque os raios de luz são canalizados para um único ponto.

Este é um erro cometido pela grande maioria dos profissionais. Isso porque os mesmos saem atirando para todo lado, como se os recursos que possuem fossem infinitos.

Você precisa ter seu público-alvo definido e direcionar sua comunicação para o mesmo, dando tiros que o acertem no coração.

E talvez você esteja pensando:

"Mas professor Adenilson, meu público-alvo são todas as pessoas que vierem até minha empresa!"

Eu, é óbvio, também venderei para todas as pessoas que vierem até meu escritório. Afinal, não sou louco nem nada para sair queimando dinheiro!

O problema é que este é o caminho seguido pela manada.

Se você seguir o mesmo, jamais terá um escritório altamente lucrativo.

Isso porque para obter resultados extraordinários, tendo um escritório altamente lucrativo, você precisa parar de praticar o marketing da esperança.

Ou seja, precisa parar de ficar esperando os clientes irem até seu escritório e ir para a ação, educando as pessoas e atraindo as mesmas para seu escritório.

Diante disso, as perguntas que lhe faço são:

- Como você fará isso?
- Que mídias utilizará?
- Para quem direcionará sua mensagem?

Ou seja, perceba que assim como a criança faz com a lupa, você precisa canalizar as energias do seu marketing para um único ponto.

Existe inclusive um conselho sábio que toda mãe dá para sua filha:

Minha filha, case com quem tem dinheiro!

O que você precisa fazer é a mesma coisa, seu escritório precisa casar com um público-alvo que tenha acesso ao dinheiro.

Isso porque a partir do momento que você tiver um público-alvo definido, conseguirá direcionar todas as energias e recursos do seu marketing para o mesmo, fazendo com que seu escritório passe a existir para este público.

Logo, a grande pergunta que você precisa se fazer neste momento é:

Qual é o público que tem acesso ao dinheiro com o qual minha empresa deve se casar?

Por exemplo, se você possui um escritório de topografia em um município de pequeno porte, o ideal é que se case com agricultores.

Porém, não todos, mas sim, agricultores mais velhos, com mais de 40 anos.

Isso porque normalmente agricultores mais velhos possuem maior acesso ao dinheiro.

Bingo, bingo, bingo!

Aqui está um dos segredos que tornará você um profissional carteira cheia.

Sua empresa precisa se casar com um público-alvo que tenha acesso ao dinheiro, passando a existir para o mesmo.

FAZENDO SUA EMPRESA AMADURECER

Ao ter seu público-alvo definido. Ou seja, ter se casado com um público que tenha acesso ao dinheiro é como se as máscaras caíssem.

Isso porque a partir deste momento seu marketing não será mais aleatório, de certa forma que todas as suas ações serão voltadas para este público em especifico.

Perceba como que o seu marketing de aleatório, com você parecendo o Rambo, atirando para todo o lado e colocando dinheiro fora...

Se tornará certeiro, com você focando em um único público, dando tiros que acertam o mesmo no coração.

Muito mais do que isso, em algum momento sua empresa precisará amadurecer.

Ou seja, deixar de ser uma aventura do tipo *"vou colocar para ver se vai dar certo"*, para se tornar um negócio sólido, consolidado e lucrativo.

Veja bem, na jornada de sua empresa, em algum momento você precisa definir quem é seu público-alvo ideal, fazendo sua empresa amadurecer.

Ou seja, sua empresa deixará de existir para você, passando a existir para seus clientes.

A JORNADA DE VITÓRIAS DO SEU PÚBLICO ALVO

A partir deste momento, do momento que você definiu quem é seu público-alvo ideal é que a "*brincadeira*" começa a se tornar deliciosa.

Isso porque até então, você era refém de seus concorrentes e do mercado.

Neste momento é como se as chaves dos cadeados fossem colocadas em suas mãos.

Ou seja, a partir deste momento você passará a estudar este público alvo, identificando suas necessidades e passando a oferecer serviços que sanem as mesmas.

Lembre-se do tripé necessário para você ser um empresário de carteira cheia.

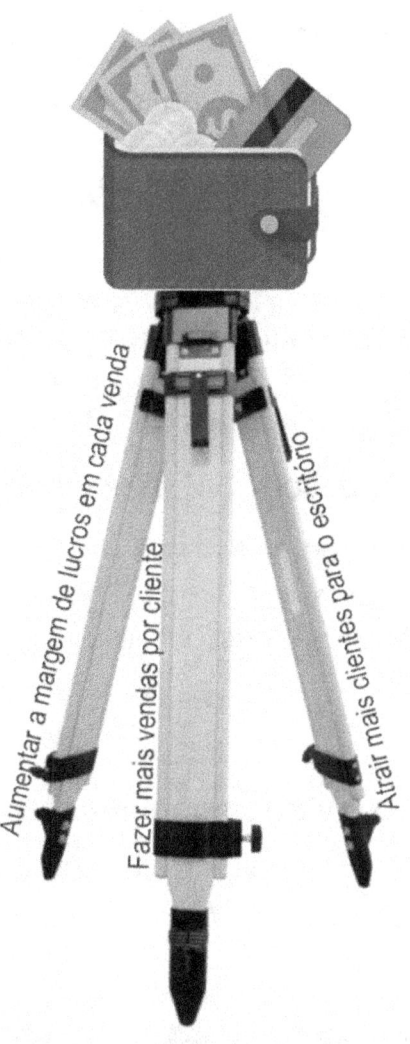

Em um primeiro momento, você aumentará a margem de lucro em cada venda realizada.

Em um segundo momento, você focará em vender mais para cada cliente.

E como você conseguirá isso?

Simples, fazendo sua empresa passar a existir para seus clientes!

Ou seja, você identificará as dores de seu público-alvo, passando a oferecer serviços que sanem as mesmas.

Muito mais do que isso:

Serviços específicos para dores especificas!

Com isso, você adaptará seu mix de serviços, acrescentando gradativamente novos serviços que estejam alinhados as necessidades de seu público-alvo.

Com isso, sua empresa já não mais existirá para você, amadurecendo e passando a existir para seu público-alvo.

DEFININDO A JORNADA DE VITÓRIAS DO SEU PÚBLICO ALVO

Além disso, você precisa definir a jornada de vitórias do seu público alvo.

Como assim, jornada de vitórias Professor Adenilson?

Simples, vou utilizar minha empresa de exemplo.

Imagine que você pretenda abrir seu próprio escritório de Topografia, porém que para isso, precise aprender a operar receptores GNSS.

Após pesquisar na internet, você adquire meu treinamento, "_Curso de Operador de receptores GNSS_".

Em um segundo momento, você percebe que precisa melhorar a qualidade das plantas que produz.

Então, como sabe que eu possuo um treinamento denominado "_Curso de Confecção de plantas para Topografia Cadastral_", adquire o mesmo.

Em um terceiro momento, você se depara com a legislação cadastral, o que faz com que você se sinta inseguro, pois não sabe quais peças técnicas precisa produzir.

Com isso, adquire meu treinamento, "_Curso de Legislação Cadastral e Produção de Peças técnicas_".

Perceba como que são soluções especificas para problemas específicos do meu público-alvo.

Que o que você precisa fazer é a mesma coisa, identificar a jornada seguida pelo seu público-alvo e fornecer serviços que sanem as necessidades do mesmo.

Com isso, ao entregar serviços de altíssima qualidade, seus clientes farão múltiplas compras, tornando você um profissional carteira-cheia.

Além disso, preste atenção (negrito e itálico).

O que as pessoas querem é uma solução especifica para o problema especifico que estão tendo no momento!

Logo, o que você precisa fazer é identificar a jornada seguida pelo seu cliente, oferecendo soluções específicas para os problemas específicos enfrentados pelo mesmo.

6 SACADAS QUE AJUDARÃO VOCÊ A OBTER RESULTADOS EXTRAORDINÁRIOS

Uma vez compartilhado estes conhecimentos, antes de mergulharmos nas estratégias de marketing propriamente ditas, quero compartilhar 6 sacadas com você.

Defina Verbas De Guerra

Um macete financeiro que quero compartilhar com você é a verba de guerra, também conhecida como verba de marketing.

No caso, uma verba de guerra nada mais é do que a verba que será destinada para determinado projeto.

Digamos, por exemplo, que você passará a prestar um novo serviço em sua empresa.

Ao fazer isso, você destinará uma verba de guerra para a implementação e divulgação da mesma.

Definir uma verba de marketing é importante porque ao fazer isso, você não agirá emocionalmente, comprometendo as finanças de sua empresa.

Por exemplo, ao rodar anúncios no facebook é normal ficarmos apreensivos.

Com isso, você corre o risco de pausar uma campanha boa após poucas horas.

Ter uma verba de marketing definida diminuirá esta tensão, pois você sabe que não tem problemas em investir determinado montante de dinheiro.

Uma receita de bolo que os gestores altamente eficazes utilizam é sempre que forem fazer algo diferente, dedicarem no máximo 20% de suas finanças para isso.

80% do dinheiro deve ser reinvestido no que já gera resultados e somente 20%, no máximo 25% em novas ideias.

Ao agir desta maneira, você terá segurança em sua vida, de certa maneira que nunca correrá o risco de acabar falindo sua empresa, ou de perder muito dinheiro, comprometendo suas finanças.

Logo, sempre que for implementar um novo projeto ou negócio, crie uma verba de guerra, dedicando no máximo 20% de suas finanças para isso.

Eu mesmo faço isso, sempre que vou trabalhar em um novo projeto, crio uma verba de guerra que não comprometa minhas finanças.

A ideia é que a mesma seja uma verba a qual, caso o projeto não tenha hesito, não comprometa o resto da empresa.

Ou seja, se algo der errado, você irá implodir somente este novo projeto, não correndo o risco de ver a empresa inteira ir à falência.

Jogue O Chapéu Do Outro Lado Do Muro

O grande objetivo pelo qual você deve utilizar esta ferramenta é que a mesma transformará você em uma pessoa extraordinária.

É como que se ao ver a reta, você pisasse fundo no acelerador.

Ou seja, ao trabalhar em um projeto especifico, você seta uma deadline (linha de morte) para o mesmo e, em seguida, joga o chapéu do outro lado do muro.

Com isso, você não terá outra saída a não ser agir de maneira focada, tornando-se extraordinário.

Eu mesmo, sempre que lanço um novo treinamento costumo avisar a lista com antecedência que em determinado dia abrirei as inscrições do mesmo.

Com isso, me obrigo a estar com tudo pronto até aquele dia.

Jogar o chapéu do outro lado do muro é exatamente isso, avisar as pessoas a respeito.

Ou seja, você irá avisar seus colaboradores e/ou família.

Com isso, como se comprometeu publicamente, precisará cumprir esta promessa.

Naturalmente, durante a fase de planejamento do projeto, você definirá qual o tempo necessário para a implementação do mesmo.

Com isso, definirá uma deadline que te tire da zona de conforto, fazendo com que você se sinta levemente desconfortável.

Porém, não a ponto de se sentir em pânico.

A grande ideia é que você utilize a lei de Parkinson a seu favor, se obrigando a agir de maneira eficaz.

Na realidade, é aconselhável que você passe a utilizar deadlines para praticamente tudo em sua vida.

Isso porque nós seres humanos tendemos a procrastinar.

A definição de deadlines tem o poder de quebrar esta procrastinação.

Calendário Extraordinário

Esta é uma outra ferramenta que utilizo no meu dia a dia.

A partir do momento que joguei o chapéu do outro lado do muro.

Ou seja, que estou trabalhando em um projeto, o mesmo possui uma série de tarefas que precisam serem realizadas, sendo que eu crio um calendário especial com a data de término de cada uma das tarefas.

Com isso, consigo controlar melhor o meu tempo, de certa maneira que se demoro muito na implementação de uma das etapas, tento implementar as etapas seguintes mais rapidamente.

Talvez você esteja pensando:

Mas professor Adenilson, como que você sabe quanto tempo cada tarefa demandará?

Simples, olhando pelo retrovisor.

Ou seja, eu olho para algum projeto ou tarefa parecida na qual trabalhei e, sabendo quanto tempo demorei na implementação da mesma, consigo estimar quanto tempo precisarei para implementar este novo projeto.

Em cima do tempo estimado, jogo um acréscimo de 20% como margem de segurança e, feito isso, é só arregaçar as mangas e trabalhar.

Todas as pessoas deveriam pelo menos uma vez na vida trabalhar em um projeto utilizando uma linha de morte.

Faça isso e você perceberá o quão extraordinário se tornará.

Na imagem abaixo você pode ver um exemplo de calendário extraordinário.

D	S	T	Q	Q	S	S
				11	12	13	14
15	16	17	18	19	20	21
21	23	24	25	26	27	28
29	30	1	2	3	4	5
6	7	8	9	10	11	12

Convites
Minicurso
Abertura do carrinho de vendas

Meta de Leads: 4.000
Verba de guerra: 6.000
Remarketing: 2.000

Enviar PPLs somente para novos Leads!

No caso, o mesmo foi produzido no MS Excel.

Perceba que eu atribuí cores a cada uma das etapas, criando uma legenda abaixo do calendário.

Além disso, perceba que o mesmo começou exatamente no primeiro dia no qual comecei a trabalhar neste projeto em especifico.

Como Prever Problemas Com Antecedência E Ter Mais Segurança No Seu Dia A Dia

O quarto dos macetes que eu gostaria de compartilhar com você é este, identifique os problemas com antecedência.

Perceba que é burrice cometer o mesmo erro 2 ou mais vezes.

Confessa, isso já aconteceu com você. Não é verdade?

Não se preocupe, isso também já aconteceu comigo.

Porém, existe um macete que evitará que você cometa muitos erros no seu dia a dia.

Este macete é prever os problemas com antecedência.

E como que você aplicará o mesmo?

Simples, utilizando uma pergunta poderosa. No caso:

O que pode dar errado?

Ao implementar um projeto você juntamente com sua equipe (caso possua uma), fará esta análise.

Com isso, vocês anteciparão as próximas etapas, tentando identificar quais são os erros que podem serem cometidos nas mesmas, certificando-se de que não cometerão os mesmos.

Muito mais do que isso, você seguidamente, durante a prestação de serviços, irá se fazer esta pergunta.

Com isso, buscará identificar o que pode dar errado, tomando as ações necessárias para que o erro não aconteça.

Ouça O Burburinho

Esta é uma outra sacada que trará muito mais segurança para sua vida.

A mesma se baseia no fato que as pessoas estão a todo momento, mesmo sem perceber, dando feedback.

Perceba isso, que existe o feedback natural, que é quando você pergunta algo e a pessoa fala o que pensa a respeito.

Porém, também existe um outro tipo de feedback, que é aquele que as pessoas passam sem perceber.

Por exemplo, você consegue perceber se uma pessoa realmente se interessa por você, se a mesma se lembra do que você falou anteriormente para ela.

Isso porque se ela não se lembra, significa que não estava prestando atenção no que você estava falando, o que é um forte indicio de que não goste de você.

Na sua empresa é a mesma coisa, você consegue perceber se um colaborador gosta ou não de trabalhar na mesmo, simplesmente pela maneira como ele se comporta.

Passe a cuidar mais este feedback natural dado pelas pessoas e, você perceberá como que as pessoas em suas linguagens corporais, entregam seus sentimentos.

Um outro momento no qual você deve utilizar o feedback é ao conversar com seus clientes.

Isso porque os mesmos estão a todo momento dizendo do que precisam.

Por exemplo, agora a pouco um profissional da área me enviou um áudio, perguntando se no Curso de Confecção de Plantas Para Topografia Cadastral eu também ensino a produzir memoriais descritivos.

Perceba que ele me disse exatamente quais são suas dores. Com isso, eu posso, por exemplo, adicionar um bônus extra que agregue mais valor a meu treinamento.

Com você a mesma coisa acontece, seus clientes estão a todo momento, mesmo sem você perguntar lhe mostrando as dores que possuem.

Você pode utilizar este feedback natural para melhorar a experiência de seus clientes e para adicionar novos produtos e/ou serviços em sua empresa.

Enfim, utilize o feedback natural a seu favor. Identifique as dores mais profundas de seus clientes e forneça soluções para as mesmas.

CAPÍTULO 2 – ESTRATÉGIAS DE MARKETING NA PRÁTICA

Agora que você obteve uma série conhecimentos e aprendeu a utilizar algumas ferramentas, está na hora de elevar seu marketing ao estado da arte, aprendendo a criar estratégias e táticas e fazendo um planejamento de marketing poderoso.

Neste capítulo também fortaleceremos suas fundações através de uma série de conhecimentos geniais.

PLANEJAMENTO DE MARKETING: O QUE É E PARA QUE SERVE?

Você abriu sua empresa e não conseguiu obter resultados satisfatórios?

Está frustrado e se perguntando o que é que eu estou fazendo de errado!

Talvez já esteja pensando que ser dono da própria empresa seja uma furada e pensando seriamente em desistir.

O problema que está fazendo com que você não tenha resultados é que você está deixando de lado o planejamento de marketing.

Veja bem, o pior erro que você pode cometer é ficar dando tiro para todos os lados.

Você precisa de um planejamento de Marketing poderoso que possibilite o alcance de suas metas.

Perceba que sua empresa é como um míssil teleguiado. Que você precisa primeiramente estudar o campo de batalhas.

Em um segundo momento, definir seu alvo e somente em um terceiro momento, traçar a rota do míssil, lançando o mesmo.

O problema é que durante o lançamento do míssil, existem N fatores exercendo influência, sendo que você precisa teleguiar o mesmo, fazendo os ajustes necessários na rota para que ele atinja o alvo.

O planejamento de marketing embora seja sistêmico, começa a ser implementado durante a análise de viabilidade de colocação da empresa, fazendo parte da mesma.

O mesmo irá apoiar o planejamento estratégico da empresa, servindo de base para praticamente tudo, inclusive para a definição da filosofia da empresa.

O grande objetivo do planejamento de marketing é possibilitar que você adote medidas assertivas, garantindo o sucesso de sua empresa.

Você pode pensar:

Mas Professor Adenilson, o que eu quero é trabalhar e não ficar perdendo tempo estudando!

Se você pensa assim, lhe faço apenas uma pergunta:

Porque você colocou uma empresa?

Pare e pense bem!

Pensou?!

Você pode me dizer que é para ajudar as pessoas, fazendo o que gosta e ainda ganhar dinheiro com isso.

Ou simplesmente dizer que quer ganhar dinheiro.

Então chegamos onde eu queria!

Vamos deixar uma coisa clara, você não é ONG, nem socialista, você quer lucrar. Certo?

Então lembre-se da frase de Sun Tzu:

"Se você conhece o inimigo e a si mesmo, não precisa temer o resultado de cem batalhas. Se você se conhece, mas não conhece o inimigo, para cada vitória ganha sofrerá também uma derrota. Se você não conhece nem o inimigo nem a si mesmo, perderá todas as batalhas."

Como o que você quer é ter lucros e de quebra ainda fazer o que gosta, então não adianta, ter definido o planejamento de marketing é necessário!

Fazer uma análise SWOT, estudar a concorrência, o mercado, possíveis fornecedores, a si próprio e aos clientes é preciso.

Se você não fizer isso, conforme Sun Tzu mesmo afirmou:

Você perderá todas as batalhas!

Lembre-se que no seu caso perder as batalhas significa ver sua empresa ir à falência!

Para que você expanda sua visão, vou te fazer apenas 1 pergunta:

Onde você quer estar daqui a 1, 5 e 10 anos?

Algum tempo atrás, quando me fizeram esta pergunta, senti como se tivessem me dado um soco no estômago.

Infelizmente, a maioria das pessoas não possui metas de médio-longo prazo.

Ou simplesmente não consegue manter uma estratégia consistente e com isso acabam fracassando.

Porém, não se preocupe que até o final deste capítulo você conseguirá ter um planejamento de marketing que lhe possibilitará obter uma verdadeira explosão de vendas, contatos e reconhecimento.

Antes disso, você precisa entender a importância do marketing estratégico para sua empresa.

Então vamos entender bem este tema!

MARKETING ESTRATÉGICO

A maioria dos empresários dá demasiada atenção ao que não deve receber atenção e, com isso, acabam gastando toda a energia para apagar incêndios ao invés de utilizar a mesma para inovar de forma criativa, elevando seus resultados a níveis extremos.

Nas Palavras do Ramon Tessman (Livro Let's Elevate!), você precisa:

Primeiramente limpar os dentes do mesmo!

Como assim, professor Adenilson. O investimento na divulgação da empresa não é diretamente proporcional aos resultados?

É importante que você entenda algumas coisas antes de fazer o planejamento de marketing para evitar o erro de investir montanhas de dinheiro e não ter resultados.

O problema é que muitos empresários colocam um negócio e investem pesado na divulgação do mesmo sem antes elevar a qualidade do atendimento ao cliente.

Eu vou te contar outro case apresentado pelo Ramon Tessman em seu livro "*Let's Elevate*", para que você entenda melhor.

Imagine que um jovem em um restaurante vai conversar com uma moça.

Ele chega todo sorridente para ela, porém não percebe que tem uma alface enorme nos dentes. Como consequência, quanto mais sorri, pior é a impressão que a moça obtém.

O problema é que muitos profissionais fazem algo parecido com o que o rapaz do exemplo acima fez.

Investem pesado na divulgação da empresa, porém não percebem que possuem uma alface enorme nos dentes, consequentemente, quanto mais sorriem, pior é a imagem formada junto ao público-alvo.

Perceba que não adianta você ter um ótimo planejamento de marketing e divulgar um produto que possui uma péssima qualidade.

Você precisa entender que precisa ter o foco nos serviços que presta e no marketing.

Não adianta você ter serviços de ótima qualidade e não divulgar os mesmos.

Por outro lado, não adianta ter serviços de péssima qualidade e investir pesado na divulgação dos mesmos.

Perceba que quanto mais você investir, pior será a impressão formada junto ao seu público-alvo.

Você precisa nas palavras do Ramon Tessmann:

"Primeiramente limpar os dentes de sua empresa para depois chegar sorridente até seu público-alvo."

Agora que você já entendeu que precisa ter o foco no produto e no marketing, eu irei escancarar novamente um pedaço de alface existente nos dentes da grande maioria das empresas da área.

Isso porque vejo muitos profissionais colocarem milhares de reais na divulgação do negócio e terem um atendimento ao cliente de péssima qualidade.

Com isso, não conseguem nem se quer vender, quem dirá fidelizar clientes.

Pense aqui comigo: você resolve elevar os resultados e para isso investe pesado na divulgação de sua empresa, conseguindo fazer com que o cliente vá até o mesmo.

Porém, quando este chega em sua empresa, recebe a pior experiência de atendimento possível.

Diante disso eu lhe pergunto:

Será que adianta investir pesado na divulgação de sua empresa sem primeiramente elevar a qualidade da mesma?

Será que o que você estará fazendo não é mostrar para mais pessoas que os dentes de sua empresa estão sujos, piorando ainda mais a situação?

Perceba que a nível empresarial é uma grande insanidade investir na divulgação do negócio sem primeiramente elevar a qualidade dos serviços e do atendimento ao cliente.

Existe um ditado que diz que:

"Você identificará um louco se o mesmo queimar dinheiro!"

Pois digo que divulgar sua empresa sem primeiramente limpar os dentes da mesma é a mesma coisa que pegar um punhado de notas de 100 e queimar na frente de seus colaboradores.

Pare por alguns minutos para pensar a respeito. Como estão seus serviços e sua qualidade de atendimento ao cliente.

O que pode ser melhorado?

SINTA A DOR DE SEUS CLIENTES EM SUA PRÓPRIA PELE

Uma sacada que você pode utilizar é seguidamente se colocar na pele do cliente, seguindo mentalmente todos os passos que o mesmo segue dentro do processo de compra.

A experiência que você está oferecendo para seus clientes é a mesma que você mesmo gostaria de obter quando fosse comprar um produto ou serviço?

Perceba que se você oferecer para seus clientes a experiência que você mesmo gostaria de receber, sua empresa em pouco tempo estará cheia de clientes.

ESTRATÉGIAS E TÁTICAS: TUDO QUE VOCÊ PRECISA SABER A RESPEITO

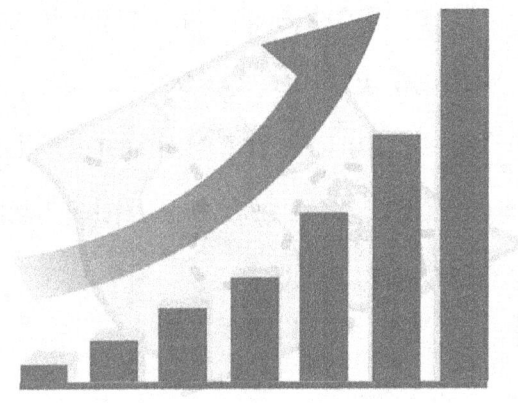

O que significa a palavra estratégia?

Afinal de contas, o que é e para que serve uma estratégia?

Você já se fez estas perguntas?

Infelizmente, a maioria das pessoas possui uma visão completamente deturpada a respeito da definição de estratégias!

O que vou revelar a partir de agora são os segredos dos profissionais de alto nível. Segredos estes que possibilitarão que você eleve sua empresa ao estado da arte.

Para isso, vamos primeiramente analisar o objetivo da criação de uma estratégia.

DEFININDO O CONCEITO DE ESTRATÉGIA

Antes de falarmos a respeito de estratégias, você terá que entender o que é uma estratégia e a importância da mesma.

"A estratégia nada mais é do que o plano que será implementado com intuito de tornar realidade as metas mais ambiciosas que você possua!"

No próximo capítulo você aprenderá passo a passo a definir metas poderosas.

Antes de abordarmos esta temática, tenho algumas perguntas para você:

Para onde você está indo?

Por que está fazendo o que está fazendo?

Onde você quer estar daqui a 5 anos?

O que você quer estar fazendo?

Você já tinha se feito estas perguntas?

Infelizmente, a maioria dos profissionais parecem barcos desgovernados que se deixam serem levados pelas correntezas da vida.

Pare e pense a respeito.

Onde você quer estar daqui a 10 anos?

Ou pelo menos daqui a 2 ou 5 anos?

Afinal de contas qual é seu Monte Everest?

Isso é sério, pare e reflita a respeito, pois toda a estratégia se baseará no alcance desta meta.

Isso é importante, pois você fará as coisas da maneira certa, obtendo verdadeiros saltos de crescimento, mês após mês, rumo ao alcance de seus sonhos.

Caso você deseje aprender mais a respeito, aconselho que leia o livro *"Educação Financeira na Prática "*. No mesmo ensino como raquear sua mente através do exercício da visualização do futuro brilhante.

Acesse o link abaixo, conheça melhor o mesmo e adquirirá sua cópia:

http://amzn.to/3azFxMF

O mesmo transformará você em um criador de riqueza.

Outros 2 livros que podem ser de seu interesse são:

Gestão Estratégica de Pessoas: Crie Uma Cultura Forte Em Sua Empresa, Aprenda a Gerir Poucos e Vários Colaboradores, Melhore Seu Relacionamento Familiar e Tenha Colaboradores Fiéis!

Link:

http://amzn.to/3qzqWHD

Técnicas de Persuasão: 47 Conhecimentos, Gatilhos Mentais e

Técnicas de Persuasão Que Farão Suas Vendas Explodirem!

Link:

https://amzn.to/36FZArl

Lembrando que se você for assinante kindle pode ler estes e todos os outros livros e e-books que possuo gratuitamente.

CRIAÇÃO DA ESTRATÉGIA

A estratégia nada mais é do que o plano que você usará para tornar suas metas realidade.

A definição da estratégia que você usará é de suma importância porque uma vês que você tenha definido suas metas, precisa torná-las realidade.

Porém, não de uma maneira louca e desorganizada e sim de maneira consistente.

Assim como um atirador possui como objetivo acertar no centro do alvo, você deve focar na obtenção de resultados, alcançando sua meta no menor intervalo de tempo possível e gastando a menor quantidade de recursos possíveis.

Somente uma estratégia brutal proporcionará isso.

A grande ideia é que você deve ter uma estratégia principal e mais 1 ou 2 secundárias, que serão implementadas caso a estratégia principal mostre-se pouco eficiente.

Cada uma destas estratégias deve, por sua vês, possuir uma série de táticas.

Veja o esboço da figura abaixo:

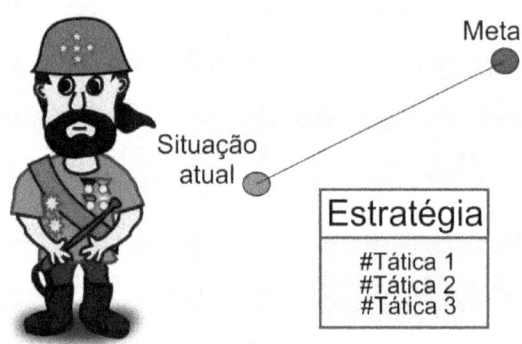

Perceba que a mesma teoria vale para o gerenciamento de tempo, onde tudo pode ser dividido em projetos e tarefas, sendo que projeto é tudo que possui mais de uma tarefa.

Dessa forma, cada tática pode ser considerada uma tarefa ou um projeto, caso possua mais de uma tarefa.

Cada tática também deve ser implementada dentro de um intervalo de tempo que possibilite que a estratégia saia vencedora.

Ou, se for o caso, que permita que se aplique outra estratégia dentro da deadline definida pela meta.

Perceba como que a estratégia, caso fosse colocada em um gráfico, possuiria no eixo x uma timeline e no eixo y o resultado almejado.

Este por sua vez, pode ser em níveis de crescimento da empresa ou aumento dos lucros. Veja o detalhe na figura abaixo.

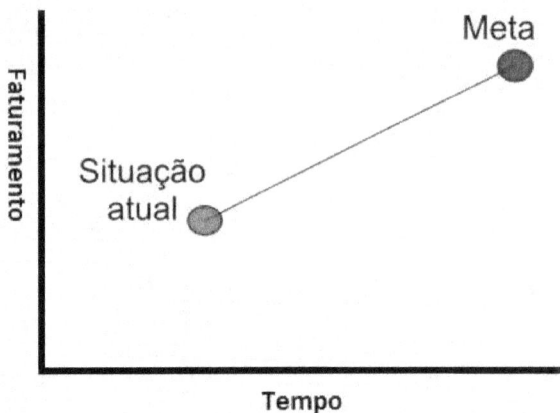

Cada estratégia, por sua vez, possui uma série de táticas, que são formadas por uma série de ações, que devem serem implementadas para o alcance da meta.

A representação da estratégia e das táticas no gráfico da figura acima geraria algo parecido com a figura abaixo.

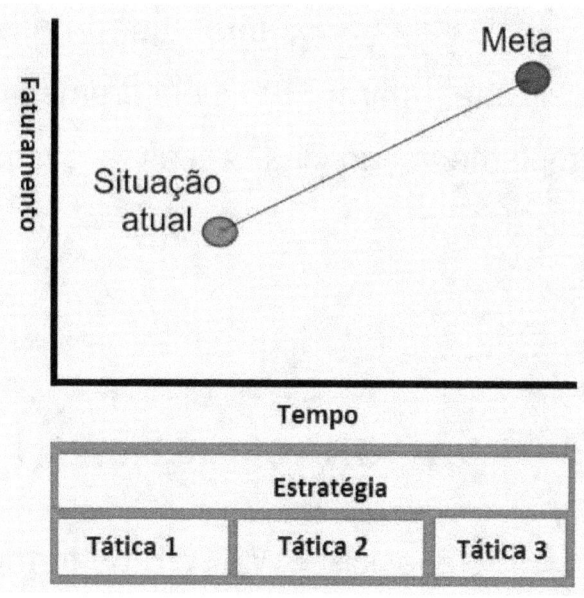

Perceba como que as táticas devem serem implementadas em determinado intervalo de tempo.

Cada tática, por sua vez, terá uma série de ações, que devem serem implementadas pelo departamento operacional e monitoradas pelo departamento executivo.

Uma ferramenta que pode ser utilizada para o monitoramento da implementação das táticas é o chacklist 5W2H.

CHACKLIST 5W2H

O chacklist 5W2H é uma ferramenta que deve ser utilizada durante o planejamento e o processo de criação de novos produtos.

O mesmo possibilita que se encontre respostas para um problema.

O chacklist 5W2H, que pode ser visualizado na figura abaixo, possibilita:

- O mapeamento das atividades e definição do que será feito;
- Quem fará;

- Em qual período de tempo será feito;
- Em qual área da empresa será feito; e
- Todos os demais motivos pelos quais esta atividade deve ser feita.

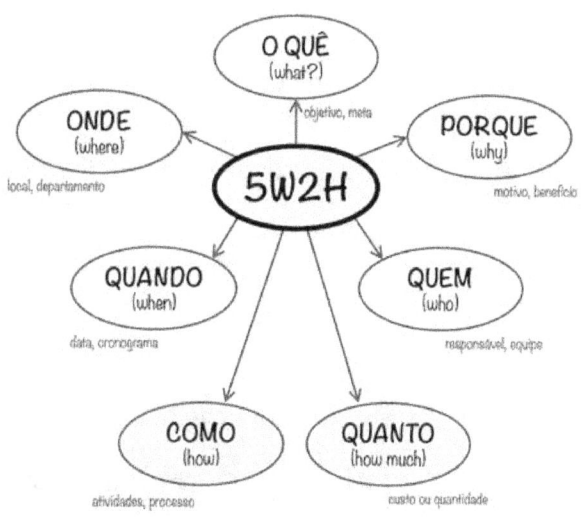

Veja um exemplo prático de planilha para a utilização do chacklist 5w2h, na qual você deve preencher os campos.

Fonte: http://imagens.tiespecialistas.com.br/2012/05/5w2h.jpg

UTILIZE O PRIMEIRO PRINCÍPIO DO MARKETING A SEU FAVOR

O marketing boca a boca, também conhecido como primeiro princípio do marketing é o mais poderoso de todos e o melhor:

É gratuito!

Digamos, por exemplo, que você seja um Agrimensor e tenha um escritório próprio.

Se você oferecer um atendimento de ótima qualidade, muito mais pessoas irão até seu escritório pela indicação de outras pessoas do que pelo marketing que você faz.

Por outro lado, se você tiver uma péssima qualidade de atendimento ao cliente, acabará perdendo muitos clientes e se verá com dificuldades de manter sua empresa aberta.

MARKETING DE BRANDING VERSUS MARKETING DE RESPOSTA DIRETA

As estratégias de marketing podem ser divididas em 2 grandes grupos: Marketing de branding e marketing de resposta direta.

O marketing de branding, normalmente é utilizado por grandes empresas como P&G e Coca-Cola.

O mesmo está totalmente baseado em fazer com que a marca se torne familiar ao público-alvo.

Se você parar para analisar, perceberá que em quase todo lugar que for, existe uma placa, geladeira ou alguma outra coisa com a marca da Coca-Cola.

Perceba que esta é uma ótima estratégia, pois torna a marca familiar.

Para você ter uma ideia, se a Coca-Cola decidisse parar de investir em marketing, ainda teria mercado garantido por décadas, tamanho é o impacto causado pela mesma junto as pessoas.

O marketing de branding também pode ser utilizado com hesito para a agregação de valor a um produto ou marca, como no exemplo abaixo que apresento o case do produto *"pão do ursinho"*.

CASE PÃO DO URSINHO

Em 2015 eu estava morando em Florianópolis e teve uma empresa que chamou a minha atenção, trata-se da Pullman com o pão do ursinho.

Naquele ano, em quase todas as paradas de ônibus da cidade havia propaganda deste produto.

A estratégia da Bimbo, dona da Pullman foi muito boa, pois a mesma tornou o produto familiar com o uso do marketing de branding e, por outro lado, precificou o mesmo acima do preço de mercado.

Enquanto as demais marcas de pão cobravam um preço que girava no entorno de 4 reais, o preço do pão da Pullman era superior a 5 reais.

Imagine uma pessoa sendo impactada muitas vezes ao dia por um outdoor do pão do ursinho e, ao chegar no supermercado, olhar para o produto e ver ele a um preço superior.

Qual é a percepção que a pessoa obtém do produto?

"Esse produto deve ser muito bom, tenho que experimentá-lo!"

Pelo menos foi isso o que eu pensei. Isso fez com que certo dia eu comprasse o mesmo somente para ver se realmente era melhor do que os outros.

Perceba como que a estratégia é simples, porém genial. A Bimbo tornou um produto que é uma commoditie familiar as pessoas e, ao mesmo tempo, elevou o preço, colocando o mesmo em outro patamar.

Ou seja, a mesma utilizou um princípio que está impregnado na mente das pessoas:

"Caro é igual a bom!"

Com isso, mesmo atuando em um mercado de commodities, a Pullman conseguiu agregar valor e colocar este produto em um patamar superior ao dos outros pães.

Este é apenas um case no qual o preço e a utilização de uma estratégia avançada de marketing, possibilitaram um posicionamento diferenciado de uma marca, isso mesmo vendendo commoditie.

No capítulo sobre posicionamento eu abordarei melhor como posicionar sua marca na mente do usuário.

Perceba como que o marketing de branding é muito eficiente e que muitas empresas conseguem se destacar com a utilização do mesmo.

O grande problema é o investimento necessário. Isso porque são poucas empresas que conseguem manter o marketing de branding, tornando seus produtos familiares ao consumidor.

Na realidade, ainda maior do que o investimento em branding é o investimento em logística que empresas como a Coca-Cola fazem.

Digo isso porque o sistema logístico de empresas como Coca-Cola é tão complexo que é capaz de existirem lugares no planeta aonde falte água, mas que a Coca-Cola consegue chegar.

Perceba que é um investimento elevado, sendo que muitas vezes se torna inviável para a grande maioria das empresas.

Você pode pensar:

"Então se eu não tenho milhões de reais não adianta eu tentar investir em marketing Professor Adenilson?!"

Calma, você pode utilizar o branding digital. Nos próximos capítulos eu abordarei melhor o assunto.

Além disso, existe outra maneira de fazer marketing que adoro, o marketing de resposta direta.

Na realidade, dá até mesmo para turbinar o marketing de branding com táticas de marketing de resposta direta.

O marketing de resposta direta, diferentemente do marketing de branding, não possui como objetivo tornar a marca familiar ao público-alvo e sim fazer a venda.

Ou seja, o objetivo é que o ao final da campanha as vendas tenham pago os custos de marketing, gerando receitas.

Esta modalidade de marketing é muito utilizada no marketing digital, mas pode ser utilizada por quase todas as modalidades de negócio.

Existe basicamente 2 jeitos de se fazer marketing de resposta direta, com apenas 1 ou com 2 passos.

No marketing com 1 passo você oferece o produto diretamente para alguém e a pessoa responderá sim ou não.

Isso é feito através da utilização de cartas e vídeos de venda, os quais utilizam técnicas de persuasão e gatilhos mentais.

O problema é que no marketing de resposta direta, se a pessoa disser não, você perderá o contato.

O marketing de 2 passos se baseia na realização de mais de um contato com o público-alvo.

No primeiro contato você oferece um material de valor, obtendo o E-mail da pessoa.

Então você envia uma série de E-mails para ela, informando-a, criando valor e posteriormente faz a oferta do seu produto e/ou serviço.

A grande diferença é que se a pessoa te disser não, você ainda terá o contato dela, podendo em outro momento fazer outra oferta utilizando para isso o E-mail marketing.

O E-mail marketing por sua vez, deve ser totalmente baseado na utilização do Inbound marketing, que é o marketing que as pessoas amam.

Eu mesmo, adoro o inbound marketing, sendo que a partir do momento que conheci o mesmo só pratico inbound marketing.

INBOUND MARKETING: O QUE É E COMO UTILIZAR NO SEU DIA A DIA!

O inbound marketing se baseia na ideia de criação e compartilhamento de conteúdo voltado para um público-alvo específico.

A hubspot possui a seguinte definição:

"Inbound Marketing pode ser considerado qualquer tática de marketing que se baseia em ganhar o interesse das pessoas ao invés de comprá-lo."

A cada dia que se passa está mais difícil conseguir fazer vendas, isso porque o consumidor está mudando seus hábitos de compra, sendo que cada vez ele lê mais, busca mais e pesquisa mais antes de contratar um serviço ou comprar um produto.

É necessário que o marketing se adapte a esse novo consumidor extremamente informado, sendo que a ideia não é mais comprar o público-alvo e sim ganhar o mesmo.

A grande sacada está em fazer marketing para as pessoas certas, no momento certo, ajudando as mesmas com o oferecimento de conteúdos que sanem suas maiores dores.

O inbound marketing, na realidade, vai muito além de uma simples construção de conteúdo de qualidade.

Também é muito mais do que SEO ou a utilização de mídias sociais e pode ser utilizado em praticamente todas as mídias.

Por exemplo, o E-mail marketing é muito indicado para empresas e profissionais que trabalham com produtos e serviços aos quais se pode agregar valor.

Para negócios baseados na venda de commodities, eu particularmente prefiro me basear na utilização dos fatores de atratividade, táticas de fidelização de clientes e, agregação de valor à marca, utilizando uma estratégia parecida com a utilizada pela Pullman.

OS 4 FATORES QUE FAZEM OS CLIENTES COMPRAREM DE VOCÊ E NÃO DE SEUS CONCORRENTES

Você já parou para pensar porque as pessoas preferem comprar de um estabelecimento e não de outro?

E se você conseguisse descobrir a resposta para esta pergunta.

Se pudesse descobrir como tornar sua empresa brutalmente atrativa, fazendo com que as pessoas prefiram comprar da mesma e não de seus concorrentes?

Sim, isso é possível. Isso porque existem 4 fatores que causam justamente este efeito.

Estes fatores, conhecidos como fatores de atratividade, são responsáveis por mais de 90% da tomada de decisão de ir a um estabelecimento comercial e não a outro.

Segue abaixo um resumo dos mesmos:

Localização

Não existe nenhum fator de atratividade mais forte do que a localização.

Peguemos, por exemplo, um ponto comercial de venda de sorvete do Mcdonalds em um shopping center e uma venda situada na zona rural de um município de pequeno porte.

Enquanto o ponto comercial do Mcdonalds vende milhares de itens por dia, a venda de interior provavelmente não seja capaz de vender nem mesmo 5.000 itens por ano.

Qualidade no atendimento ao cliente

Este é o segundo maior fator de atratividade de um negócio.

Na realidade, como na maioria dos casos a localização não pode ser escolhida, este acaba virando **_o primeiro dos fatores no qual o empresário pode interferir_**.

Sua missão é deixar seus clientes de queixo-caído. Eleve a qualidade de seu atendimento ao cliente ao estado da arte, fazendo-o dizer UALLLLL.

Tenha em mente que se o cliente não confiar em você, será extremamente complicado conseguir vender para ele.

A própria palavra vende (dor) mostra porque o cliente hesita tanto e sente um nó no estomago quando vê um vendedor. Ele pensa:

"Lá vem mais um mala, tentar me vender algo!"

A sua missão é quebrar esta barreira, abordando-o de maneira genial, identificando a dor ou prazer para a qual ele busca solução, criando um momento especial e fazendo-o confiar em você.

Entenda que o "*real motivo*" pelo qual ele quer contratar seus serviços nunca será o serviço em si, mas sim, a dor que será sanada ou a solução para o prazer que ele busca.

Por exemplo:

O seu cliente não quer pagar pelo Licenciamento Ambiental de seu posto de combustíveis, mas quer ter seu próprio negócio, fazendo vendas e ganhando dinheiro.

Ou seja, é essencial que você através de perguntas inteligentes, identifique o motivo que levou o cliente a te procurar, adaptando seu diálogo e mostrando os benefícios que o mesmo obterá com a contratação de seus serviços.

Número de itens

Quanto mais itens sua empresa tiver mais atraente a mesma se tornará.

No caso de empresas que prestam serviços, busque oferecer um mix de serviços que sanem o maior número possível de dores de seu público-alvo.

Você precisa ter em mente que fazer a segunda venda é em média, 17 vezes mais fácil do que a primeira.

Isso porque se o serviço que você presta possui uma qualidade superior, provavelmente o cliente ficou feliz com os resultados obtidos.

Perceba que você precisa focar na segunda, terceira e nas demais vendas, tendo um mix de serviços complementares que sanem o maior número possível de dores de seu público-alvo, fazendo-o voltar a sua empresa.

Tamanho da fachada da empresa

Este é o quarto maior fator de atratividade. Quanto maior a fachada de sua empresa mais clientes a mesma atrairá.

Ou seja, perceba que você precisa trabalhar de maneira genial estes fatores.

Ofereça um atendimento excepcional, fazendo o cliente dizer UAL.

Caprichando na fachada de sua empresa ou escritório, criando uma fachada gigante.

E capriche na quantidade de itens.

Na realidade, se você tiver um escritório, mais importante do que ter uma grande quantidade de serviços é ter serviços que se adequem as necessidades de seu público-alvo perfeito.

Você precisa encontrar seu cliente perfeito e se casar com o mesmo, criando soluções especificas para os diferentes problemas que o mesmo possui.

Se você não possui habilitação para prestar determinados serviços, faça parceria com outros profissionais.

Enfim, crie um mix de serviços adequado às necessidades de seu público-alvo perfeito.

Case-se com um público-alvo que tenha acesso ao dinheiro e faça seu escritório amadurecer, passando a existir para o mesmo.

Em seguida, passe a dar tiros que acertem o mesmo no coração.

Se você fizer isso, terá uma empresa de sucesso e sua carteira viverá cheia de dinheiro.

Capítulo 3 – Algumas Estratégias De Marketing Que Você Precisa Conhecer

Neste capítulo você aprenderá uma série de estratégias, estudos de caso e exemplos práticos que poderá plugar em sua rotina.

Estudo De Caso: A Estratégia Que Possibilitará Que Você Atraia Clientes Todos Os Dias Para Sua Empresa

Como atrair centenas de potenciais clientes todos os dias para sua empresa.

Esta com certeza é uma pergunta cuja resposta merece toda a atenção do mundo.

E a resposta para a mesmo é simples:

Educando as pessoas de maneira escalável!

Isso mesmo, normalmente nós pressupomos que as pessoas sabem o que querem.

Mas isso não é verdade. Isso porque as mesmas, diante da correria do dia a dia, não conseguem perceber o quanto que determinado problema está destruindo suas vidas.

As mesmas vão "*levando com a barriga*" e quando percebem é tarde demais.

Pare e pense a respeito:

Você acha que uma pessoa alcança porque quer os 180 quilos, chegando a um estado de gordura mórbida que a leva a morte?

Perceba que não, que o que aconteceu foi que a mesma não percebeu o quanto o problema era grave logo que o mesmo se instalou em sua vida.

Com isso, o mesmo acabou evoluindo até níveis críticos.

Nosso papel é, negrito e caixa alta:

EDUCAR AS PESSOAS, AJUDANDO-AS A IDENTIFICAREM E SOLUCIONAREM SEUS PROBLEMAS!

Ao fazer isso, suas vendas irão decolar.

Afirmação:

Se hoje sua situação financeira está ruim é porque você não sabe educar as pessoas!

Sendo que este nada mais do que um reflexo de que a sua empresa atualmente existe para você e não para seus clientes.

Como disse antes, você precisa fazer sua empresa amadurecer, identificando seu cliente perfeito e fazendo sua empresa passar a existir para o mesmo.

Com isso, você identificará a jornada seguida pelos seus clientes, identificando os problemas que surgem no dia a dia do mesmo.

Em um segundo momento, você precisará educar o cliente a respeito do problema, mostrando o quanto que o mesmo está prejudicando a vida do mesmo.

Com isso, você conseguirá ajudar o mesmo a identificar suas dores, ajudando-o a ter uma vida muito melhor.

Ou seja, perceba que muito mais do que apenas *"levar o cavalo até a água"*, você precisa mostrar para ele porque que o mesmo precisa beber a água!

Eu mesmo, tive muitas dificuldades para fazer isso.

Por exemplo, como convencer uma pessoa que a mesma precisa dominar a utilização de receptores GNSS.

Que ao contrário do que ela pensa, utilizar um receptor GNSS é muito mais do que simplesmente apertar alguns botões.

Para você ter uma noção do problema, no ano de 2016 eu criei o Curso de Operador de Receptores GNSS e as vendas foram decepcionantes.

Sabe quando você tem certeza absoluta de alguma coisa, faz algo e os resultados te decepcionam.

Foi isso que aconteceu.

Eu sabia da importância do posicionamento pelo GNSS, porém, não consegui mostrar isso na página de vendas.

Somente no final de 2019, após entender qual era o problema, melhorei a página de vendas e então as vendas bombaram.

E qual havia sido o erro que eu tinha cometido?

Simples, não educar as pessoas.

Vamos a técnica que possibilitará que você faça isso.

A mesma se chama:

Mostre o problema em todas as suas formas e cores!

Segue um estudo de caso que ajudará você a entender melhor esta poderosa técnica.

MOSTRANDO O PROBLEMA PARA A PESSOA

Eu possuo um E-book a respeito da operação de receptores GNSS.

Sendo que o mesmo faz parte da minha estratégia de vendas do treinamento avançado.

Basicamente o que eu faço é rodar campanhas no Facebook disponibilizando o E-book gratuitamente, o que serve como uma amostra e, em seguida, ofereço o treinamento avançado.

Em troca do E-book, peço apenas para a pessoa cadastrar o E-mail.

O problema é que rodei anúncios e as pessoas simplesmente não cadastravam o E-mail.

Acabei abandonando a landing page por alguns meses.

Isso até que certo dia me deparei com esta técnica.

Foi então que percebi que o problema era que na landing, o que eu tinha feito era apenas descrever a estrutura do E-book, disponibilizando também uma amostra de degustação.

Ou seja, a pessoa acessava a landing, se interessava, porém quando percebia que precisava cadastrar o E-mail, pensava:

"O cara vai me enviar E-mails, não vou baixar! "

Perceba que o problema era que os motivos não eram fortes o suficiente para convencer a pessoa de que ela deveria baixar o E-book.

Ou seja, a landing page atacava somente o cérebro racional, de certa forma que eu precisava de alguma maneira atacar os cérebros reptiliano e emocional.

Eu consegui isso com a utilização desta técnica:

Mostrar o problema em todas as suas formas e cores!

Como resultado, as taxas de download do E-book e de vendas do treinamento avançado simplesmente explodiram.

Perceba que isso só foi possível porque eu eduquei a pessoa, trazendo a dor à tona e mostrando que a mesma possuía um problema que precisa ser solucionado.

Segue o trecho que eu adicionei a landing page e que fez as taxas de cadastro de e-mail decolarem:

Você não pode mais negar...

Não dominar o Posicionamento Pelo GNSS é um sério problema em sua vida!

É terrível sentir-se em pânico diante do medo de cometer erros a campo e acabar se queimando junto a seus clientes!

Isso sem falar do Frio Que dá Na Barriga toda vez que você pensa em fazer o tratamento e o ajustamento dos dados...

Isso porque você sabe que corre o risco do DOP Ficar Alto ou de alguns pontos ficarem flutuantes!!

Pior ainda é o stress e a raiva que você sente toda vez que tem que voltar a campo para obter novamente os dados de um Ponto Problemático!

Acabar tendo que voltar 1, 2, 5, 10 vezes a campo...
E provavelmente Gastar Mais de R$2.000,00 Reais somente com gasolina!

E isso sem falar de todo o Tempo e Dinheiro Jogados no Lixo por não estar prestando outros serviços!

Após os prints das imagens acima, adicionei o seguinte texto:

"*Perceba que você não pode mais ignorar. Não saber operar Receptores GNSS é um sério problema em sua vida!*

Chega de se sentir inseguro e com medo de cometer erros!

Chega de ter que refazer serviços, de acabar se queimando junto a clientes e perdendo muito dinheiro neste processo!

Está na hora de você aprender macetes geniais, aprendendo a Operar

Receptores GNSS com Grande velocidade e Com Segurança. "

Em seguida, uma vez que havia mostrado o inferno, eu mostrei o céu.

Ou seja, eu mesclei 2 técnicas de marketing:

- Mostrar o problema em todas suas formas e cores; e
- Mostrar o inferno e o paraíso.

"E imagine isso acontecendo em sua vida!

Imagine-se você operando receptores GNSS com uma velocidade brutalmente maior!

Imagine-se você sabendo exatamente como utilizar cada um dos diferentes métodos de posicionamento!

Aprendendo a fazer o processamento e o ajustamento de dados e nunca mais tendo medo de cometer erros. "

Perceba como consegui mostrar o problema que a pessoa estava tendo em todas as suas formas e cores.

Que com isso tirei a mesma da inércia, fazendo ela agir.

Caso deseje visualizar a landing page é só acessar o link abaixo:

http://bit.ly/38Po7JU

Continuando...

Perceba que a mensagem precisa ser brutal, que você precisa *"balançar a pessoa com toda a força, fazendo ela acordar"*.

Que esta é a única maneira da mesma sair da inércia, passando para a ação.

Ou seja:

Você precisa colocar o dedo na ferida e fazer a dor aflorar, tornando a mesma tão evidente, que a pessoa precise solucionar o problema imediatamente.

Naturalmente, quando você faz isso, educa a pessoa, mostrando para a mesma o tamanho do problema que ela tem.

Aqui é que está o segredo, <u>educar a pessoa</u>.

A vantagem de utilizar a internet para isso é que a mesma possibilita que você eduque as pessoas de maneira escalável.

Com isso, ao solucionar o problema da pessoa, a pessoa ficará muito grato a você.

Veja que efeito colateral interessante:

Solucionar um problema agudo de seu público-alvo é a maneira mais rápida de você despertar a reciprocidade no mesmo, conquistando a confiança!

Detalhe, para conseguir vender algo para a pessoa, você precisa obter a confiança, e a empatia da mesma.

Além disso, a pessoa precisa necessitar do que você está oferecendo para ela.

EXEMPLO DE COMO VOCÊ PODE FAZER PARA ATRAIR MAIS CLIENTES PARA SUA EMPRESA

Este é um problema enfrentado pela grande maioria das empresas. Isso porque conforme expliquei anteriormente, <u>*a grande maioria dos profissionais não sabe educar as pessoas, transformando as mesmas em clientes*</u>.

Com isso, ficam à mercê da concorrência.

Será que você não está cometendo este erro?

Será que você não está sendo refém de seus concorrentes porque não sabe educar seus clientes?

Reforço, você precisa tornar seu marketing certeiro, encontrando seu cliente ideal, casando sua empresa com ele e, com isso, passar a dar tiros no coração do mesmo.

Passe a educar seu público-alvo a respeito dos problemas do mesmo, ajudando as pessoas a resolvê-los.

Ao fazer isso, você estará melhorando a vida de seus clientes e, consequentemente a sua também.

Quer uma prova de que você está perdendo diversas vendas todos os dias por não saber educar seus clientes.

Vou lhe dar um exemplo de como educar seus clientes a respeito de seus serviços.

Para isso, utilizarei de modelo uma empresa de topografia cadastral.

Ao mesmo tempo te passarei uma série de conhecimentos geniais.

Então vamos lá.

O REAL PROBLEMA DE SEU PÚBLICO-ALVO NUNCA É O PROBLEMA

Preste atenção, aqui está o grande pulo do gato:

O real problema nunca é o problema, mas sim os problemas causados pelo problema!

O que você precisa fazer é identificar o *real problema* e aflorar o mesmo, educando o avatar e fazendo o mesmo agir.

Vou utilizar como exemplo serviços de topografia cadastral.

Imagine que uma pessoa comprou uma área de terras, porém não desmembrou a mesma, possuindo apenas um contrato de gaveta.

Qual o problema?

Simples, ao não regularizar a área de terras, a mesma não obteve a propriedade da fração de terras.

Qual o real problema?

Ou seja, os problemas existentes por trás do problema.

Ao não regularizar a gleba, tendo a propriedade da mesma, o cliente terá os seguintes problemas:

1 – Não conseguirá tirar financiamentos;

2 – Não conseguirá financiar sua produção, ficando a mercê de situações climáticas adversas.

3 – Não conseguirá vender, arrendar ou propor em arrendamento sua área de terras.

Perceba que você precisa sair da superficialidade e mergulhar fundo, identificando os reais problemas do seu público-alvo e todas as consequências que os mesmos podem ter.

Que os reais problemas não são o problema em si, mas sim os problemas existentes por trás do problema e as consequências dos mesmos.

Os problemas por trás do problema é que ferram com a vida da pessoa!

Você precisa sempre fazer esta análise, mergulhando fundo e identificando quais são os reais problemas existentes por trás de um problema.

Para isso, aconselho que caso possua, você reúna sua equipe e faça um brainstorming.

Isso porque quanto mais cérebros estiverem pensando, melhor será.

Uma vez que você tenha feito esta análise, identificando os reais problemas, o próximo passo é educar o avatar, mostrando o problema em todas as suas formas e cores.

Ou seja, você trará a dor à tona, mostrando que a pessoa precisa solucionar o problema imediatamente.

Como que você fará isso?

Simples, utilizando as redes sociais.

Por exemplo, produzindo um vídeo para o Youtube ou postagens para a sua fanpage.

Na realidade, você precisa escalar sua mensagem, chegando ao maior número possível de pessoas pertencentes a seu público alvo.

Como você fará isso?

Simples, rodando anúncios no Google Ads, Facebook, Instagram ou seja qual for a rede social do momento.

Então vamos fazer este exercício, vamos descrever o problema em todas as suas formas e cores.

Segue um modelo de copy que você pode utilizar em postagens e anúncios. Acrescente a imagem adequada e os resultados falarão por si.

O mesmo utiliza técnicas avançadas de copywriting. Irei colocar comentários entre parênteses explicando as técnicas utilizadas.

Caso você deseje aprender mais sobre escrita persuasiva, possuo um livro a respeito do tema:

Para conhecer melhor o mesmo e adquirir sua cópia é só acessar o link abaixo:

https://amzn.to/3cFICgV

Lembrando que caso você deseje, pode ler todos os meus e-books e livros gratuitamente. Isso porque cadastrei todos os mesmos no kindle.

Ou seja, assinando o kindle você consegue ler todos os meus e-books e livros.

Segue o modelo de copy:

"Você não pode mais ignorar, não regularizar a sua propriedade é um sério problema em sua vida

Chega de ser refém do clima por não conseguir assegurar a sua produção.

Isso mesmo, o que você vai fazer se der uma seca ou uma enchente

Perceba que sem conseguir assegurar sua produção, você perderá milhares de reais, tendo talvez até mesmo que ver sua família passar fome nos próximos anos.

Não conseguir nem mesmo comprar roupas e materiais escolares decentes para seus filhos e os mesmos serem motivo de piada na escola.

Muito mais do que isso, ao não ter a propriedade de seu imóvel rural, você não conseguirá tirar financiamentos junto aos bancos.

Como consequência, não conseguirá comprar fertilizantes. Ou seja, sua produção será baixa e consequentemente, seus lucros serão mínimos.

Com isso, você corre o risco de não conseguir dar nem mesmo as condições de vida mínimas necessárias para sua família, sendo obrigado a viver em uma condição de miséria.

Se sentindo culpado por isso*!*

Perceba como que não ajeitar a situação cadastrar de seu imóvel está causando sérios problemas em sua vida.

Logo, extermine com este problema de vez e obtenha todas as vantagens que você terá ao regularizar a situação financeira de seu imóvel.

Isso porque ao fazer isso você conseguirá tirar financiamentos;

Assegurar sua produção;

E muito mais do que isso, o valor de sua terra subirá até 40% imediatamente, com você conseguindo vender e arrendar a mesma.

Saiba mais sobre como regularizar seu imóvel. Acesse o link: "

E ae? O que você achou da copy?

Quer que eu explique ela para você?

Ta bom então. Segue a copy explicada:

"Você não pode mais ignorar, não regularizar a sua propriedade é um sério problema em sua vida. *(As pessoas estão a todo momento buscando obter prazer e fugindo de problemas. Por causa disso, decidi atacar o ângulo do problema. Também utilizei o termo você não pode mais ignorar, que é extremamente poderoso.)*

Chega de ser refém do clima por não conseguir assegurar a sua produção. *(Utilizei a palavra poderosa refém, ou seja, expressando a ideia de algo que não está no controle da pessoa + um dos problemas existentes por trás do problema, não conseguir assegurar a produção)*

Isso mesmo, o que você vai fazer se der uma seca ou uma enchente? *(O cérebro humano simplesmente não consegue resistir a perguntas.)*

Perceba que sem conseguir assegurar sua produção, você perderá milhares de reais, tendo talvez até mesmo que ver sua família passar fome nos próximos anos. *(Perceba, palavra poderosa que causa o efeito cair a ficha. Ninguém quer perder dinheiro e nem ver a família passar fome).*

Não conseguir nem mesmo comprar roupas e materiais escolares decentes para seus filhos e os mesmos serem motivo de piada na escola. *(No caso o avatar é um homem, de 30 a 50 anos, casado e com filhos. Por causa disso, ataquei este ângulo único. Perceba que os país querem dar o melhor para seus filhos. A última coisa que quer é que os mesmos sejam motivo de piada na escola, ou qualquer coisa do tipo).*

Muito mais do que isso, ao não ter a propriedade de seu imóvel rural, você não conseguirá tirar financiamentos junto aos bancos. *(Um outro problema existente por trás do problema).*

Como consequência, não conseguirá comprar fertilizantes. Ou seja, sua produção será baixa e consequentemente, seus lucros serão mínimos. *(As consequências do problema.)*

Com isso, você corre o risco de não conseguir dar nem mesmo as condições de vida mínimas necessárias para sua família, sendo obrigado a viver em uma condição de miséria. (Mergulho mais fundo nas consequências.)

Se sentindo culpado por isso!
(Gatilho mental do inimigo interno. Os problemas e consequências são o inimigo externo, que por sua vez causará sentimentos na pessoa, que são o inimigo interno. Ou seja, como ela se sente diante do inimigo externo.)

Perceba como que não ajeitar a situação cadastrar de seu imóvel está causando sérios problemas em sua vida. *(Após ter apresentado os reais problemas e suas consequências, utilizei o efeito cair a ficha para educar o avatar).*

Logo, extermine com este problema de vez e obtenha todas as vantagens que você terá ao regularizar a situação financeira de seu imóvel.

Isso porque ao fazer isso você conseguirá tirar financiamentos;

Assegurar sua produção;

E muito mais do que isso, o valor de sua terra subirá até 40% imediatamente, com você conseguindo vender e arrendar a mesma. (Mostro as vantagens que a pessoa terá ao solucionar o problema).

Saiba mais sobre como regularizar seu imóvel. Acesse o link: (chamada para a ação. Após educar a pessoa, convido a mesma para conhecer minha solução.) "

Como você deve ter percebido, este é um texto que utiliza técnicas avançadas de copywriting.

Caso você deseje aprender mais sobre copywriting, aconselho que você adquira o Manual do Copywriting.

O link do mesmo na Amazon é:

http://amzn.to/3pGSPNF

Além disso, também aconselho que você leia o e-book ou compre o livro "*Técnicas de Persuasão: 47 Conhecimentos, Gatilhos Mentais e Técnicas de Persuasão Que Farão Suas Vendas Explodirem!* ".

Link:

https://amzn.to/36FZArl

Como disse, se a taxa de lucratividade de sua empresa está baixa, isso significa apenas que você não sabe educar seus clientes.

Continuando...

Perceba que na copy acima o que eu fiz foi mostrar os reais problemas, que são os problemas existentes por trás do problema, mostrando as consequências dos mesmos.

Isso mesmo, perceba que existem problemas por trás do problema, sendo que os mesmos possuem consequências, que conforme disse, linguagem adulta, é o que acaba ferrando com a pessoa.

Ou seja, o que eu fiz foi mostrar o que aconteceria se o problema se concretizasse.

Com isso, coloquei o dedo na ferida e *"apertei com toda a força"*, utilizando palavras poderosas para criar o cenário de dor.

É exatamente isso que você precisa fazer no seu dia a dia, mergulhar fundo em cada um dos problemas do seu público-alvo, encontrando os problemas por trás do mesmo, e mostrando suas consequências.

É importante você sempre que possível focar na dor, mostrando tudo de ruim que pode acontecer.

Isso porque fugir de problemas move muito mais as pessoas do que procurar por algum prazer.

Estudos científicos mostram que esta proporção pode chegar a 50/1.

Ou seja, sempre que possível, mostre as consequências do real problema, que nunca é o problema em si, mas sim os problemas existentes por trás do problema.

Além disso, você deve utilizar as palavras mais fortes que encontrar.

Caso tenha dificuldades, uma boa dica é utilizar o site sinonimos.com.br para encontrar sinônimos mais poderosos.

Além disso, perceba que eu ataquei o medo, sendo este o caminho que você deve seguir.

Também teve uma palavra que utilizei que é muito interessante.

Me refiro a palavra "*talvez*".

Isso porque existem certas coisas que não tem como afirmarmos. Desta maneira, eu não poderia afirmar, por exemplo:

"Você verá até mesmo sua família passar fome nos próximos anos. "

Isso não significa que eu não possa alertar a pessoa sobre este risco.

Desta maneira, ao utilizar a palavra talvez, eu passei a ideia de que poderia acontecer. Ou seja, não afirmei nada.

Outras palavras interessantes que utilizei são:

- Problema;
- Perceba;
- Refém;
- Extermine;
- Vantagens; e
- Também a expressão "*motivo de piada*".

Naturalmente, quanto mais você conhecer seu avatar, mais você entenderá os sonhos, inspirações, problemas e medos do mesmo.

Como consequência, melhor sua copy se tornará.

Enfim, desde 2014 busco evoluir minha comunicação, melhorando minhas copys constantemente.

Você também precisa se preocupar quanto a isso. Isso porque sua comunicação precisa ser poderosa.

Aconselho que você leia o Manual do Copywriter, condensei várias técnicas de escrita persuasiva no mesmo.

SEGUNDO ESTUDO DE CASO

Perceba que a grande sacada é saber educar seu público-alvo, aflorando a dor e, com isso, fazendo com que o mesmo aja.

Possuo um treinamento chamado "*Marketing Para Profissionais de Geotecnologias*", o qual por sinal, complementa muito bem este livro:

Link: http://bit.ly/39X8Hnh

O grande problema que o mesmo tenta resolver é como atrair clientes para uma empresa da área.

Para isso, eu foquei em educar o avatar a respeito, utilizando uma série de e-mails.

Em um primeiro momento, enviei um e-mail de antecipação, contando a história da evolução das empresas de topografia.

O grande objetivo do mesmo foi dar o tiro de alerta, gerando antecipação.

Vamos entender o que este termo significa.

Tiro de alerta

O tiro de alerta é uma estratégia de marketing onde que você envia um primeiro E-mail avisando que algo está chegando.

Ou seja, que existe uma novidade, sobre a qual você falará melhor nos próximos dias.

Com isso, você estará utilizando o gatilho mental da antecipação, o que fará com que a pessoa fique curiosa.

A origem desta estratégia é a guerra em alto mar, onde que 2 navios inimigos, estando um a vista do outro, um deles dá um tiro de canhão que passa por cima do outro navio.

Ou seja, avisa o outro navio de que se o mesmo se aproximar, ele abrirá fogo.

No seu marketing, um tiro de alerta nada mais é do que um E-mail ou postagem nas redes sociais avisando que algo está chegando.

Você estará utilizando um dos gatilhos mentais mais poderosos existentes, o da antecipação, gerando curiosidade nas pessoas.

No caso do treinamento "*Marketing Para Profissionais de Geotecnologias*" eu utilizei esta estratégia.

O título deste primeiro e-mail foi:

"As 4 eras pelas quais as empresas de topografia passaram."

Segue o conteúdo do E-mail:

*"Leia este E-mail COM MÁXIMA ATENÇÃO porque **uma revolução está acontecendo neste exato momento** e você corre o risco de ficar de fora...*

*O que eu irei lhe mostrar nas próximas linhas significa a diferença entre você **ter uma empresa altamente lucrativa** ou acabar vendo seus sonhos virarem cinza.*

Isso porque ao longo das últimas décadas

as empresas de Topografia passaram por 4 eras.

Ao entender as mesmas você conseguirá entender exatamente o que precisa fazer para atrair clientes todos os dias para sua empresa.

Vamos entender que eras são estas.

Era 1 - O Único Do Mercado

Os profissionais que abriram empresas de Topografia nos anos 80 e 90 eram os únicos de sua região de atuação. Isso significa que:

Os clientes contratavam os serviços deles...

Ou contratavam os serviços deles!

Como benefício por serem **os primeiros a chegarem**, *estes profissionais <u>conseguiram se posicionar muito bem no mercado</u>, construindo empresas altamente lucrativos.*

Era 2 - Poucos Empresas Brigando Pelos Clientes

No final dos anos 90 e início dos anos 2000 a concorrência se tornou um pouco maior, com vários novos empresas surgindo por região.

Ou seja, os profissionais que haviam chegado primeiro e se posicionado no mercado continuaram fortes...

Porém, diversos outros profissionais conseguiram se posicionar, abraçando boa parte do mercado.

Nessa época, um <u>conselho que os professores davam para seus alunos</u> e que funcionava era:

"Abra sua empresa, passe 5 anos fazendo marketing boca a boca e você terá uma empresa de sucesso."

Era 3 - Um Concorrente a Cada Esquina

A massificação dos cursos técnicos e superiores fez com que ao longo dos anos 2000 a concorrência se tornasse cada vez maior.

Como uma grande quantidade de profissionais se formaram na área, até mesmo cidades de pequeno porte passaram a ter várias empresas de Topografia.

Ou seja, **o mercado saturou***!*

Perceba que os profissionais que tinham aberto empresa na década de 90 e até mesmo no início dos anos 2000 dominam o mercado.

*Com isso, **os profissionais que entraram a partir do início da década de 2010 encontraram o seguinte cenário**:*

- Profissionais cujas empresas estão a anos no mercado, tendo grande reconhecimento e dominando o mesmo.

- Uma grande quantidade de novos profissionais se formando e entrando no mercado, fazendo com que exista uma brutal concorrência (um verdadeiro mar vermelho).

*Nesta nova realidade, aonde **existe um concorrente praticamente a cada esquina**, muitos profissionais trabalham o mês inteiro sem nem mesmo conseguirem pagar as contas no final do mês.*

Com isso, precisam ter outras fontes de renda porque seus empresas não conseguem atrair um número suficiente de clientes.

É uma realidade na qual **muitos profissionais estão vendo seus sonhos virarem cinza** e suas empresas irem a falência.

Perceba que o <u>conselho que os professores davam</u> no início dos anos 2000...

"Abra sua empresa, passe 5 anos utilizando o marketing boca a boca e você terá uma empresa de sucesso."

Já não funciona!

Diante disso a pergunta que fica é:

Como se dar bem neste mar sangrento e ter uma empresa de sucesso?

Para entender como isso é possível, você precisa conhecer a quarta era pela qual o mercado está passando.

Era 4 – A Revolução Dos Jet Skis

Imagine a seguinte situação:

Uma nova empresa sendo montada em uma garagem em Porto Alegre.

Esta empresa atua em um ramo que é um mar sangrento. Isso porque o mesmo é **dominado por algumas poucas empresas gigantes** cujos faturamentos são bilionários.

Porém, mesmo assim esta empresa consegue se destacar e em poucos anos simplesmente domina o mercado.

É basicamente esta a história da XP investimentos.

O Maurício Benvenuti, um dos sócios da mesma, conta a história de como isso foi possível em seu livro:

"Incansáveis: Como empreendedores de garagem engolem tradicionais corporações e criam oportunidades transformadoras"

Da mesma maneira, ao longo dos últimos anos <u>diversas outras empresas utilizarem a tecnologia a seu favor</u> e rapidamente se tornaram empresas bilionárias.

Por exemplo: Uber, Airbnb e iFooD.

Ou ainda sturtups brasileiras bilionárias como: Nubank, 99, Stone, e Movile.

*Perceba que são <u>empresas que se comportaram como Get skis</u> **em um mercado dominado por transatlânticos**. Por outro lado, outras empresas que eram **verdadeiros impérios não se adaptaram à evolução tecnológica**.*

*Com isso, acabarão <u>indo à **falência**</u>, ou sendo vendidas por uma fração do que valiam poucos anos atrás.*

Como exemplos temos: *Kodak, Blockbuster, Yahoo e Xerox.*

A Chegada da Quarta Era e Seu Impacto Sobre os Empresas de Topografia

E porque eu lhe contei toda esta história?

*Simples, **por 2 motivos:***

*- O primeiro deles é **para você perceber que** a evolução tecnológica traz grandes oportunidades e também grandes ameaças.*

Tudo depende se você se adapta ou não a mesma.

*- O <u>segundo motivo</u> é que **uma revolução está acontecendo neste exato momento** e...*

<u>*Trouxe com ela uma oportunidade*</u>

<u>gigantesca</u> que praticamente nenhum GeoEmpreendedor percebeu.

E que revolução é essa?

Simples: o Brasil já vive na era Pós Digital!

Dados do IPEA mostram que 70% da população urbana e 49% da população rural possui acesso à internet.

*E esta é uma revolução que **mudará completamente o mercado nos próximos anos**.*

Veja bem, esta nova tecnologia está entre nós e chegou para ficar.

No entanto...

Praticamente nenhum profissional da área está utilizado a mesma para atrair clientes para seus empresas.

Os poucos que estão tentando fazer isso estão mais perdidos do que cegos em tiroteio.

Isso porque a utilização da internet para a atração de clientes exige conhecimentos avançados de neuromarketing e posicionamento estratégico.

O problema é que <u>quando se fala em marketing e vendas nossa área está muito atrasada</u>.

Isso porque os profissionais se formam sem ter nenhum conhecimento a respeito.

Posteriormente, quem empreende na área de Geotecnologias, acaba apanhando *muito para conseguir atrair clientes para sua empresa.*

Como Empreendedores Estão Utilizando a Tecnologia Para CRIAREM NEGÓCIOS BILIONÁRIOS... E Como Você Pode Tirar Proveito Disso

A XP Investimentos não é um caso à parte. Pelo contrário, diversas empresas e profissionais estão utilizando as novas tecnologias para crescerem rapidamente, dominando o mercado.

Isso porque com o uso das ferramentas da era pós digital **é possível ter-se uma**

empresa altamente lucrativa não em 5 anos...

Muito menos em 1 ano...

Mas sim <u>em apenas 6 meses</u>.

Se você conseguir utilizar as redes sociais de maneira estratégica, conseguirá impactar milhares de pessoas, conseguindo **atrair e fidelizar brutais avalanches de clientes**.

Ou seja, se você for um dos primeiros a utilizar as ferramentas da era pós digital, <u>sua empresa navegará em um oceano azul</u>, crescendo rapidamente e alcançando altas taxas de faturamento e de lucratividade.

Perceba que **a popularização destas novas tecnologias é uma grande** *oportunidade...*

MAS TAMBÉM PODE SER UMA GRANDE AMEAÇA...

Isso porque alguns poucos empresas dominarão o mercado rapidamente, enquanto a manada beberá água suja.

Diante disso, as perguntas que eu lhe faço são:

Sua empresa está na era pós digital?

Quantos clientes você prospectou no último mês através das redes sociais?

Alerta: perceba que os empresas que não se atualizarem, passando a utilizar as ferramentas da era pós digital, correm o *risco de se tornarem elefantes brancos e de ficarem para trás.*

Que <u>a tecnologia já fez impérios gigantescos caírem</u>, a mesma é brutal e não perdoa ninguém.

Aprenda a Utilizar as Ferramentas da Era Pós Digital Para Atrair 20 Novos Clientes Por Mês Para Sua empresa

Ok. Agora que você percebeu o tamanho da oportunidade.

Que 70% da população urbana e 49% da população rural está na era pós digital...

Eu tenho uma pergunta para você:

Você gostaria de aprender a utilizar as ferramentas da era pós digital para fazer sua empresa crescer rapidamente, alcançando altos níveis de faturamento e de lucratividade?

Que tal <u>atrair 20 novos clientes por mês para sua empresa</u> através destas ferramentas.

E muito mais do que isso:

- Que tal ter um das empresas mais lucrativas de sua região de atuação!

- Que tal alcançar altos níveis de popularidade, se tornando uma autoridade *regional e ser convidado para frequentar os círculos sociais mais exclusivos de sua região!*

Se isso interessa pra você, eu <u>tenho uma ótima notícia</u>.

Amanhã eu irei lhe enviar um E-mail no qual irei lhe mostrar o exato caminho para você conseguir isso.

*Me refiro ao meu
novo Treinamento* **Marketing Para Profissionais de Geotecnologias**.

No mesmo, eu irei lhe ensinar a utilizar as ferramentas da era pós digital para atrair clientes todos os dias para sua empresa.

É uma oportunidade para os poucos profissionais que querem sair na frente da manada.

Então se prepare para receber meu E-mail as 9 da manhã.

No mesmo terá um link de acesso a uma página na qual eu passo todas as informações deste treinamento inovador e revolucionário."

....

Perceba que o que este e-mail faz é educar a pessoa. Que o grande objetivo do mesmo é utilizar uma estrutura lógica para mostrar um fato que a pessoa não conseguirá discordar.

Com isso, a mesma é inserida em uma sequência através da qual é educada sobre o grande problema.

Na terceira era, basicamente o que eu fiz foi isso, mostrar a existência de um problema gigantesco.

Em seguida, na quarta era mostrei como solucionar o problema.

Para isso, busquei inclusive estatísticas e demais evidências que confirmassem o que eu estava mostrando.

E finalmente, a partir dos fatos apresentados na quarta era eu mostrei como que a pessoa poderia solucionar o problema.

No dia seguinte (segunda-feira de manhã), eu enviei um e-mail cujo título era:

"Atraia 20 Novos Clientes Por Mês Para Sua empresa"

Ou seja, o título já está apelando para o maior desejo do avatar.

Segue o conteúdo do mesmo:

"Querida pessoa.

Você não pode mais ignorar...

NÃO SABER ATRAIR CLIENTES <u>É UM SÉRIO PROBLEMA EM SUA VIDA</u>!

Eu digo isso porque **ter que fazer algo que não gosta** apenas para ganhar dinheiro <u>é uma das piores coisas que pode acontecer com um ser humano.</u>

Isso porque <u>significa no mínimo 8 horas de tédio, sofrimento e tristeza</u>, todos os dias, de todas as semanas...

Pelo resto da vida!

Infelizmente é este o caminho que muitos profissionais estão tendo que seguir!

Os mesmos se identificam com a área de Topografia, **colocam uma empresa** da mesma, porém os meses passam e a empresa consegue prestar uns poucos serviços!

Diante do pânico de verem as contas se acumularem no final do mês, o profissional acaba tendo que DESISTIR DO SEU SONHO e a <u>empresa vai a falência</u>.

Com isso o mesmo se vê tendo que trabalhar com algo que não gostam pelo resto de sua vida!

OU PIOR AINDA:

Diante do desespero de verem as contas se acumularem, muitos profissionais passam a fazer bicos nas horas vagas, tendo que se sujeitar a situações humilhantes.

COMO DISSE, PERCEBA QUE NÃO SABER ATRAIR CLIENTES PARA SUA EMPRESA É UM SÉRIO PROBLEMA EM SUA VIDA!

Que sem vendas não existe brilho!

Que este precisa ser um músculo forte em sua empresa. Isso porque onde existe vendas, existe dinheiro.

<u>Se tiver dinheiro você conseguirá</u> comprar equipamentos, inovar, contratar colaboradores...

Enfim, existirá brilho!

Perceba como que saber atrair clientes **é a solução para a grande maioria dos problemas** que você possui.

Logo, **está na hora de você encarar este problema de frente**, resolvendo o mesmo de uma vez por todas!

O Marketing Para Profissionais de Geotecnologias é um treinamento feito sob medida para te ajudar neste processo.

Com o mesmo você aprenderá a atrair clientes todos os dias para sua empresa.

Clique no botão abaixo e conheça melhor este fabuloso treinamento:

[Quero Conhecer o Marketing Para Profissionais de Geotecnologias →]

O Marketing Para Profissionais de Geotecnologias Ajudará Você a Atrair Mais Clientes, Pouco Importa se Você:

1 - ✓ **Acabou de abrir sua empresa** ou pretende abrir uma empresa em breve.

2 - ✓ **Já possua uma empresa de relativo sucesso**, porém queira alcançar de vez o próximo nível, tornando sua concorrência irrelevante.

3 - ✓ **Possua zero conhecimentos de marketing, posicionamento estratégico e atração de clientes.**

Logo, **chegou a hora de você resolver este problema** de uma vez por todas, aprendendo a atrair clientes para sua empresa.

> Quero Conhecer o Marketing Para Profissionais de Geotecnologias →

....

Perceba que neste E-mail eu coloquei o dedo na ferida, mostrando o inferno e fazendo o CTA.

Em um segundo momento, disse para quem o treinamento é voltado.

Naturalmente, a página de vendas deve completar os E-mails.

No caso, eu desenvolvi a página de vendas utilizando o modelo AIDA, sendo que entre outras coisas:

- Mostro o problema;
- Passo conhecimentos inéditos;
- Mostro a oportunidade;
- Utilizo provas, prova social e evidências;
- Mostro a transformação que a pessoa obterá;
- Mato o maior número de objeções possíveis;
- Mostro o conteúdo do treinamento; e
- Mostro a garantia.

Para visualizar a mesma acesse o link abaixo:

http://bit.ly/39X8Hnh

Enfim, preste atenção:

O produto ou serviço não é a oferta!

Isso mesmo, a oferta é algo muito maior.

Perceba nos tópicos acima que somente o penúltimo deles é corresponde ao produto que estou oferecendo, no caso, o treinamento Marketing Para Profissionais de Geotecnologias.

Que a oferta é muito maior do que o produto.

Existem inclusive vários modelos de oferta, sendo o modelo AIDA o mais conhecido.

Algo comum entre os diferentes modelos existentes é que os mesmos:

- Educam a pessoa, normalmente atacando o prazer, o medo ou a controvérsia;
- Passam conteúdo passando autoridade e despertando a reciprocidade;
- Utilizam provas, prova social e evidência;
- Conectam a oferta ao produto;
- Apresentam o produto;
- Matam objeções; e
- Apresentam as garantias.

Como disse, a oferta é uma das últimas etapas.

Existindo modelos bem mais complexos do que o que estou lhe apresentando aqui.

Outro sim, ao longo dos últimos capítulos, você leu diversas vezes o termo "*avatar*".

Da importância do mesmo. Porém, em nenhum momento eu lhe ensinei o que é e como definir um avatar.

Fiz isso de propósito, pois esta é uma etapa muito importante.

Vamos a mesma.

DEFINIÇÃO DO AVATAR

O avatar nada mais é do que uma pessoa característica do público-alvo da empresa.

O mesmo possibilita que você entenda bem seu público-alvo, direcionando sua comunicação para o mesmo.

Naturalmente, caso deseje, você pode ter 2, 3 ou até mais avatares.

O aconselhável é não mais do que 5.

Porém, busque conhecer bem seu público-alvo, tendo bem definida esta pessoa característica.

Veja bem, a definição de avatares é uma estratégia utilizada pelas grandes agências de marketing. Sendo esta a primeira etapa de qualquer campanha de marketing.

Por exemplo, o Mcdonalds possui 3 avatares:

- Pessoas adultas

- Adolescentes e;
- Crianças.

Com isso, a agência que faz o marketing do Mcdonalds, possui pelo menos 3 linhas de comerciais distintas.

Comerciais direcionados para crianças, comerciais direcionados para adolescentes e comerciais direcionados para adultos.

Ou seja, caso perceba que é necessário, você também pode ter mais de um avatar.

Bom, a esta altura do campeonato, você já deve ter percebido que casar com quem tenha dinheiro, tendo seu público-alvo definido é essencial.

Isso porque ao fazer isso seu marketing se tornará certeiro.

Muito mais do que isso, você também deve ter percebido a importância de conhecer seu público na essência, conhecendo suas dores e desejos, medos e aspirações.

O Daniel Den e o Pedro Superti do treinamento "*Fator X*" possuem 12 regras as quais indicam que os empreendedores devem utilizar no processo de definição do avatar.

São elas:

Regra 1 – Escolha um avatar que tenha acesso ao dinheiro. Que usa ele.

Regra 2 – Escolha um Avatar do qual você gosta.

P.S.: isso porque ao ter um avatar do qual gosta, você se esforçara mais.

Eu mesmo, utilizo este conceito no meu dia a dia, sendo que meu avatar é alguém inclusive muito parecido comigo.

No caso, o João, um empreendedor da área de Geotecnologias que possui 35 anos.

O mesmo possui uma empresa da área, sendo uma pessoa extremamente esforçada.

Levanta cedo todos os dias, arregaça as mangas e trabalha duro, trabalhando quase que de segunda a segunda.

É ético, e acredita em mundo melhor.

Regra 3 – Descubra as necessidades, desejos e dores do seu avatar.

Regra 4 – Se não descobrir, pergunte a ele. Converse com ele e descubra.

Lembre-se do conceito de feedback, ou seja, que as pessoas estão a todo momento dizendo o que querem e quais suas intenções.

Logo, comece a identificar o que as pessoas falam nas entrelinhas. Sem que você faça uma pesquisa ou algo do tipo.

Hoje mesmo, um profissional entrou em contato comigo querendo comprar um curso.

Conversando com o mesmo, ele perguntou se no curso eu também ensinava outros 2 assuntos.

Com isso, percebi na hora que estas são outras dores latentes de meu público-alvo.

Ou seja, que posso desenvolver soluções para as mesmas.

Perceba o poder das informações que transmitidas espontaneamente pelas pessoas no dia a dia.

Que as mesmas estão a todo momento mostrando suas dores e desejos.

Você precisa apenas estar com seus ouvidos afiados, buscando identificar este tipo de feedback.

Além disso, sempre que possível, peça ajuda para pessoas características de seu público-alvo.

Eu mesmo, seguidamente envio e-mail fazendo pesquisas juntamente aos profissionais que me acompanham.

Regra 5 – Para entender o avatar melhor, descubra quem ele é... Ou

Regra 7 – Descubra como ele se porta.

Regra 8 – Descubra as dúvidas, objeções do avatar.

Regra 9 – Tenha certeza que o avatar que você escolheu está comprando de você.

Regra 10 – Seu avatar não é quem está comprando. Modifique ele.

Regra 11 – Depois de achar o avatar perfeito seja o rei dele.

Regra 12 – Se for necessário tenha vários avatares.

Mapa da empatia

A ferramenta utilizada para a definição de avatares é o mapa da empatia.

No caso, o Mapa de Empatia é dividido em 7 partes. Veja o mesmo na figura abaixo.

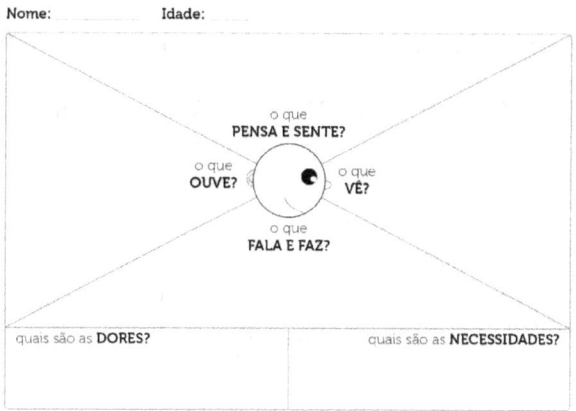

Se você preferir, pode utilizar o Word para responder as perguntas.

Veja abaixo um modelo de mapa da empatia. No caso, de um agricultor de 50 anos.

MODELO DE MAPA DA EMPATIA

Agricultor que possui 100 ha de terras. Sua principal cultura é a soja, sendo que a produtividade média da última safra foi de 68 sacas.

Nome: João

Idade: 50 anos.

P.S.: Os dados demográficos, ou seja, se é homem, mulher e idade são importantes, pois você precisa ser especifico na hora da definição do avatar.

Estes dados também são utilizados durante a criação de campanhas no facebook.

Além disso, você também deve sempre dar um nome para seu avatar, podendo até mesmo se basear em uma pessoa que realmente exista e que seja característica de seu público-alvo.

A ideia é que você consiga visualizar mentalmente esta pessoa.

Por exemplo, no nosso caso, nosso avatar é o João, um agricultor de 50 anos.

Vamos fazer o mapa da empatia do mesmo.

O QUE APERSONA VÊ?

Sua propriedade tendo resultados, a mesma já possui os diferentes equipamentos necessários, inclusive uma colheitadeira e um trator bem modernos.

A mesma possui diversos sonhos, como, por exemplo, comprar uma caminhoneta nova e instalar 2 sistemas de irrigação do tipo pivô central em sua propriedade.

Como o ambiente que cerca aparenta?

Promissor. Sua propriedade cresce ano após ano, sendo que fazem 2 anos que o mesmo comprou uma área de 10 Ha.

Quem são e como são os amigos dele?

A maioria de seus amigos são agricultores, os quais também possuem propriedades rurais cuja principal cultura é a soja.

Que tipo de ofertas ela recebe diariamente?

Diversas, a maioria das mesmas envolvendo equipamentos agrícolas.

Que tipos de problemas ela encontra?

Certo desanimo por não estar conseguindo crescer rápido como conseguia antes.

Também possui alguns problemas de saúde devido ao excesso de trabalho.

2 filhos em idade universitária, os quais precisa manter.

Certa dificuldade de distinguir quem realmente quer ajudar e quem quer só se aproveitar.

O QUE A PERSONA OUVE?

O que seus amigos dizem?

Elogiam muito seus serviços, conversam sobre veículos, clima, equipamentos e produtividade da lavoura.

Quem realmente a influência e como?

Conjugue, filhos, 2 ou 3 amigos que também são agricultores.

Quais são os canais de mídia que a influenciam?

Televisão, pois gosta de assistir ao jornal e novelas.

Facebook e WhatsAPP, através dos quais conversa com amigos e principalmente com os filhos que estão na universidade.

Rádio, pois dependendo do que está fazendo, gosta muito de ouvir música.

O QUE A PERSONA PENSA E SENTE?

O que é realmente importante para ela (que às vezes não diz para os outros?)

A família, ter resultados, ser reconhecida no que faz e se divertir com os amigos.

Imagine as emoções dela. O que a move?

Família, a perspectiva de crescimento de sua propriedade.

Quer muito comprar novos equipamentos e uma caminhoneta.

Descreva os seus sonhos e aspirações!

Se destacar, sendo reconhecido pela sociedade e ter melhores resultados financeiros.

O QUE A PERSONA FALA E FAZ?

Qual é o seu comportamento e reação em público?

Têm controle e conhecimento do que diz, tem muitos amigos, bebe um pouco além da conta, é simples.

O que comenta com as outras pessoas?

Gosta muito de falar do que faz, diferentes culturas e técnicas de cultivo.

De assuntos gerais como clima, carros, futebol e piadas.

QUAIS SÃO AS DORES DA PERSONA?

Quais são as maiores frustrações dela?

Filhos: com os quais gostaria de passar um pouco mais de tempo.

Safra: fica sempre na expectativa a respeito do clima e se irá chover ou não.

Alguns problemas de saúde.

Que desafios ela enfrenta?

Crescimento de sua propriedade. Sua saúde. As dificuldades corriqueiras do trabalho duro em uma propriedade rural.

Quais são os obstáculos para ela atingir seus objetivos?

Clima, conseguir aumentar a produtividade de sua propriedade e sua saúde.

Que riscos teme assumir?

Fazer investimentos altos, dar uma quebra de safra e não conseguir pagar os mesmos.

Fazer negócio e perder dinheiro.

QUAIS SÃO AS ASPIRAÇÕES DA PERSONA?

O que ela realmente quer alcançar?

Resultados financeiros, reconhecimento, saúde, paz de espírito.

Como ela consegue medir o sucesso?

Através do crescimento alcançado nos negócios, safra que corre bem, com chuvas regulares e tempo de qualidade que passa com a família.

Que estratégias ela utiliza para alcançar esse objetivo?

Busca utilizar as melhores técnicas existente em sua propriedade, busca sempre ajudar e incentivar sua família, faz doações para instituições de caridade.

....

Aqui eu apresentei o Mapa da Empatia completo para você. Isso porque é interessante que você conheça o mesmo e que pelo menos uma vez na vida preencha ele.

Com isso, você conhecerá muito melhor seu avatar.

Porém, entre todos os campos existentes no mapa da empatia, você deve dar uma atenção especial para as dores e para os sonhos.

Na realidade, no meu dia a dia, primeiramente defino a persona, conhecendo-a e, posteriormente foco nas dores e nos sonhos da mesma, pouco olhando para os demais campos do mapa da empatia.

Agora que construímos um mapa da empatia, você deve estar pensando:

Beleza, conheço meu público-alvo, sei exatamente quais são as dores dele e o que ele busca.

Na realidade não, pelo contrário:

Totalmente Errado!

Você pensa que conhece seu público-alvo. Mas na realidade o que você acabou de fazer é criar uma "*Persona de marte*".

Isso mesmo, é justamente aqui que a maioria dos profissionais erram.

Isso porque definem seu público-alvo baseando-se completamente na maneira como veem o mundo e, se existe algo que aprendi com a PNL (programação neurolinguística) é que o mapa é diferente do território.

Afinal de contas para quem é que você está criando o serviço?

É para você ou para o seu cliente?

Então, não caia no erro bobo de criar um serviço ou tentar posicionar sua marca se baseando somente na sua maneira de ver o mundo.

Lembre-se que antes de mais nada, você é um empresário e, como tal, deve prestar os serviços com base no que seus clientes precisam, não com base no que você acha ou sabe fazer.

Logo, saia de sua zona de conforto e descubra o que o seu cliente realmente quer.

Se você já tiver uma empresa abera, converse com clientes característicos de seu público-alvo.

Caso contrário, encontre pessoas características de seu público-alvo e converse com as mesmas, fazendo uma pesquisa de mercado.

MODELO DE AVATAR

O mapa da empatia serve para a definição do avatar, que é uma pessoa característica de seu público alvo.

Vou trazer um exemplo de Avatar que utilizo no meu dia a dia para você entender melhor.

No caso, o Pedro, um profissional de 35 anos que possui o desejo de abrir seu próprio escritório de topografia.

Com isso, você entenderá melhor a importância da definição do Avatar.

Avatar 1 – Treinamento
Topografia cadastral na Prática

Dados demográficos - Pedro, 35 anos.

Desejo: o que o avatar quer: ter um escritório de Topografia de Sucesso (Lucrar 7.000 a 10.000 por mês!).

Se identifica com área de Topografia e possui o desejo de colocar o próprio escritório da área!

Problema: sente-se inseguro e com muito medo de cometer erros, pois são muitos detalhes, tem toda a parte de escritório e toda a parte de procedimento a campo.

Tem medo de cometer erros e de se queimar junto a seus clientes, afinal cada projeto é como um filho que coloca no mundo, sendo que é o nome dele que vai nas plantas e nas demais peças técnicas.

Real problema do avatar: está procrastinando.

Deveria aprender com exemplos práticos (na prática), apenas plugando os processos e serviços certos em sua rotina (escritório).

Dores: tem dúvidas, sente-se **inseguro** e tem muito **medo (receio)** de cometer erros e de se queimar junto a clientes. **Equipamentos** da área são **caros**, sendo necessário investimento alto.

Dificuldades na prática, fazer levantamentos mal feitos, quer aprender os detalhes através de exemplos práticos (ver serviços na prática). Enfim de um curso passo a passo, pois são muitos detalhes. Se organizar tanto no escritório como a campo.

Palavras boas: independência (na prestação de serviços), vontade de atuar na área, **oportunidade, certeza** que é assim que deve ser feito, ver serviços na prática (abordar a prática, conteúdo **prático**), aprender os detalhes (Topcon Tools, processar os dados, produzir as peças técnicas, procedimento junto ao cartório de registro de imóveis, retificação, usucapião, desmembramento, remembramento, etc), estudos de caso, segurança, área com a qual me identifiquei muito, fazer certo, suporte, entrar no mercado.

Palavras ruins: Dificuldades, custo, insegurança, equipamentos caros, juntar dinheiro, medo (de cometer erros), receio, dúvidas, consequência negativa, imagem junto aos clientes, fazer trabalhos mal feitos, ter problemas, nome que vai nas peças técnicas, tem muitas dúvidas.

....

Uma vez que tenha definido o Avatar, normalmente imprimo uma folha A4 com os dados do mesmo e mantenho a mesma ao alcance das vistas enquanto monto o marketing (anúncios, landing pages, página de venda, roteiros de vídeos de vendas).

ESCALE

Uma vez que você tenha customizado seu mix de serviços de acordo com as necessidades de seus clientes, tendo serviços específicos para necessidades especificas dos mesmos, o próximo passo é atrair os mesmos para sua empresa.

Para isso, a ferramenta mais poderosa que existe é o Facebook.

Aconselho que você rode campanhas no mesmo e que faça postagens em sua fanpage.

Busque alcançar milhares de pessoas, educando-as e atraindo-as para sua empresa.

TENHA UMA VERBA E UM CALENDÁRIO CONSTANTE DE MARKETING

Eu vejo a grande maioria dos empresários tratarem o marketing de suas empresas como algo opcional.

Somente quando a situação se complica é que os mesmos pensam em atrair clientes para seus negócios. Com isso, acabam dando uma de Rambo e atirando para todo lado na esperança de conseguir atrair alguns clientes.

Acabam somente colocando dinheiro fora, o que piora ainda mais a situação.

Diante disso, a pergunta que eu faço para você é:

"Você possui um calendário e uma verba de marketing para os próximos meses?"

Perceba que se você não estiver se preparando com meses de antecedência, outras prioridades surgirão e você deixará o marketing de lado.

Eu mesmo, possuo uma verba mensal de marketing. O último mês minha verba somente com facebook ads foi de R$ 4.500 reais.

Costumo dizer que uma empresa é como um míssil teleguiado, sendo que eu mesmo, tenho meu calendário do próximo ano inteiro definido, sabendo exatamente o que e como farei.

Provavelmente no decorrer do próximo ano acontecerá em sua cidade e nas cidades vizinhas uma série de eventos e você pretenda participar deles, pois, seu público-alvo estará lá.

Perceba que você precisa saber que eventos irão acontecer e ter a verba que utilizará definida, logo pause agora a leitura deste livro e crie imediatamente seu calendário de marketing, definindo as verbas necessárias.

Como O Cérebro Humano Funciona E Como Utilizar Este Conhecimento Para Fidelizar Clientes

Os economistas afirmam que o ser humano é racional e como tal, sempre toma a decisão mais lucrativa, porém, outro dia mesmo tive uma conversa empolgante com meu irmão, o Economista, Dr. Adilson Giovanini.

Era um domingo de sol, umas 6 horas da tarde e embora fosse verão, o clima estava agradável. Saímos correr na beira-mar, em Florianópolis.

Começamos a conversar sobre psicologia, o funcionamento do cérebro humano e sua influência no processo de tomada de decisões.

Veja bem, nós, como seres humanos, somos dotados de razão, podendo tomar decisões lógicas, porém nossos cérebros tendem a trabalhar de maneira customizada, seguindo padrões.

Com isso, nossos comportamentos viram hábitos, que por sua vez, moldam a maneira como somos.

Desta maneira, criamos uma rotina, que se torna nossa região de conforto, sendo que dificilmente saímos da mesma.

Eu mesmo, percebi que mudei de cidade e em poucas semanas já tinha um padrão definido, sendo que minhas compras eram feitas sempre nos mesmos locais.

Vou fazer um teste com você, tente identificar em qual supermercado, loja, oficina, posto de combustíveis, dentista, cabelereiro, etc, você frequenta... E a quanto tempo o faz.

Perceba que provavelmente você possua uma rotina e vá sempre nos mesmos lugares, sendo que a partir do momento que você elege um local, passa a ser cliente fiel do mesmo, dificilmente migrando para outro.

Se você aplicar a Regra de Pareto nas faturas do seu cartão de créditos, perceberá que 70% a 80 % de seus gastos são feitos nos mesmos estabelecimentos, que por sinal, não passam de meia dúzia.

Perceba que devido a maneira como nosso cérebro funciona, tendemos a sempre seguir as mesmas rotinas, sendo que uma vez que obtivemos uma boa experiência de atendimento, dificilmente frequentaremos outro lugar.

Se você cruzar estas informações com os demais conceitos e conhecimentos que aprendeu ao longo deste livro, como:

- A respeito dos fatores de atratividade, onde o principal fator de atratividade é a localização e o segundo maior é a qualidade no atendimento ao cliente;

- Sobre criação de estratégias poderosas.

Você perceberá que se cuidar cada detalhe em sua empresa.

- Criando uma estratégia poderosa de atração de clientes;

- Oferecendo um atendimento único; fazendo pós-vendas e;

- Utilizando técnicas avançadas de posicionamento estratégico.

Será como se seus concorrentes tivessem brigando de canivete, você puxasse uma metralhadora e começasse a atirar.

Perceba que seus concorrentes não tem como concorrer com você, pois não possuem os conhecimentos que você possui.

Capítulo 4 – Estratégias de Marketing Digital Para Você Copiar e Colar em Sua Empresa

Você precisa ter em mente que sua empresa precisa estar aonde seus clientes estão. Se os mesmos estão assistindo vídeos no YouTube ou navegando na timeline do Facebook e do Instagram, é lá que você deve estar.

Confesso que ao longo dos últimos anos me tornei perito na utilização de Marketing Digital.

Atualmente, as ferramentas de marketing digital que mais utilizo são o facebook ads e o e-mail marketing.

Porém, já utilizei bastante também o Google ads.

Aliás, você pode utilizar o Google Ads e o Facebook Ads tanto em anúncios locais, como em anúncios para um estado inteiro, pais ou até mesmo para diversos países.

Veja, por exemplo, como utilizar o Google Ads e o facebook ads em propagandas locais.

UTILIZAÇÃO DO FACEBOOK ADS E GOOGLE ADS EM PROPAGANDAS LOCAIS

Estas ferramentas possibilitam a utilização de diferentes raios. Desta forma, você pode utilizar, por exemplo, a rede de display do Google para atrair clientes.

Veja um exemplo de segmentação por raio feita no Google Ads.

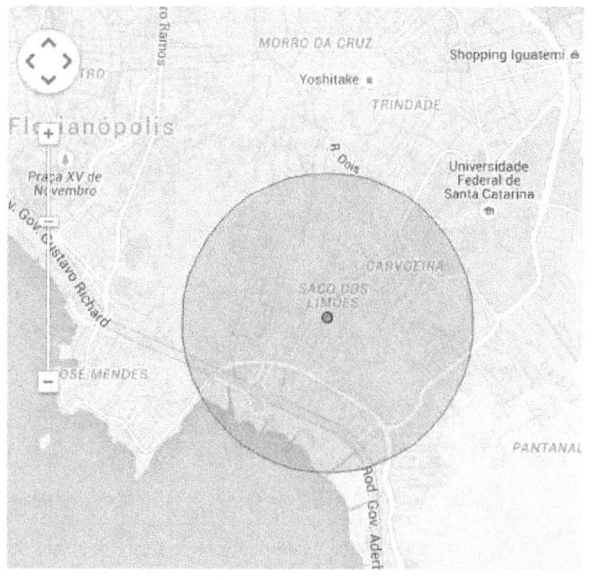

O Facebook ads também possibilita a segmentação por raio, onde a partir de um ponto você consegue definir um raio de até 80 Km.

Perceba como que você poderá impactar seu público-alvo com a utilização destas mídias, obtendo um custo por conversão muito menor do que o obtido no uso das mídias tradicionais.

Caso você deseje aprender mais sobre a utilização do Facebook para atração de clientes, produzi um e-book do qual você irá gostar:

Como Atrair Clientes Todos Os Dias Através Do Facebook E Lotar Sua Agenda

Link do e-book na Amazon:

http://amzn.to/3nU7FzP

ESTUDO DE CASO - UTILIZAÇÃO DE E-MAIL MARKETING PARA CAPTAÇÃO DE CLIENTES E REALIZAÇÃO DE VENDAS

Eu possuo vários treinamentos a venda para a área de Geotecnologias.

Normalmente, meu trafego era gerado via anúncios no facebook.

O problema era que as pessoas clicavam em um banner no facebook, assistiam ao vídeo de vendas, porém 98% iam embora, sendo que eu precisava de alguma forma ficar com os dados destas pessoas.

Foi então que decidi construir um funil de inbound marketing, com o disparo automatizado de uma série de e-mails.

Agora ao invés de rodar anúncios no Facebook com foco na venda, meu foco é na geração de leads.

Isso porque consigo fazer múltiplas ofertas para a pessoa.

Caso você deseje aprender mais a respeito de como utilizar o e-mail e fazer vendas todos os dias, no Manual do copywriting cubro esta temática.

Para conhecer melhor o mesmo e adquirir sua cópia é só acessar o link abaixo:

https://amzn.to/3cFICgV

MARKETING DIGITAL E MENSURAÇÃO DOS RESULTADOS

Outra grande vantagem do marketing digital é que o mesmo possibilita a mensuração dos resultados em tempo real.

Perceba que é difícil mensurar os resultados obtidos por propagandas nas mídias tradicionais. Por causa disso, eu prefiro utilizar técnicas de marketing digital.

Na realidade, conforme informei anteriormente, a utilização de uma estratégia ou outra dependerá muito do seu ramo de atuação.

Por exemplo, a alguns anos atrás os blogs estavam em alta.

Diante disso, em 2015 criei meu blog e a partir de então, passei centenas de horas abastecendo o mesmo com conteúdo.

Tudo isso para hoje não conseguir gerar nem 50 leads por mês com o mesmo.

Uma taxa de conversão deprimente de menos de 0,03% do trafego que o blog possui.

Isso porque as pessoas que pesquisam por um termo no Google são pessoas que querem conteúdo gratuito.

Se você quer fazer vendas, precisa colocar as pessoas em uma atmosfera de vendas.

Por isso que o Facebook e o e-mail marketing (quando bem feito), geram bons resultados.

Isso porque ao rodar campanhas no facebook você consegue atrair as pessoas que estão dispostas a colocar dinheiro na jogada.

Da mesma maneira, o e-mail marketing, quando bem feito, gera resultados extraordinários.

Hoje o meu foco é na segunda, terceira e demais vendas, com isso, cerca de 70% de minhas vendas são feitas através da utilização do e-mail marketing.

Uma vez que sei que meus treinamentos são bons, sou extremamente agressivo na utilização do e-mail marketing.

A regra é simples, se a pessoa está recebendo meus e-mails é porque vai comprar algum de meus treinamentos ou e-books.

Senão, pode (e deve) se descadastrar.

Eu sou adulto e tenho contas para pagar, logo sou direto ao ponto no envio de e-mails.

Utilizo a estratégia vencer/vencer, fazendo ofertas semanais que são vantajosas para mim e para quem recebe meus e-mails, criando uma atmosfera de venda.

A ideia é simples, imagine que um jovem ache uma moça super atraente.

Ele quer namorar com a mesma, porém, como é tímido, vai se aproximando dela.

Com isso, se torna próximo, porém ao ser tímido acaba caindo na friend zone.

O que eu faço ao enviar e-mails é simplesmente não dar chances do surgimento da friend zone, deixando claro que meu interesse com a pessoa é vender para ela.

Caso você deseje conhecer melhor as estratégias de envio de e-mail que utilizo, no Manual do Copywriter mostro as mesmas.

Para conhecer melhor o mesmo e adquirir sua cópia é só acessar o link abaixo:

https://amzn.to/3cFICgV

CRIE UMA COMUNIDADE NO ENTORNO DE SUA EMPRESA

Uma sacada que eu tive e que está gerando ótimos resultados é a criação de uma comunidade no Facebook

Como possuía mais de 200 posts no blog e mais de 240 vídeos no youtube, decidi republicar estes conteúdos na Fanpage e compartilhar os mesmos nos principais grupos da área.

A utilização desta estratégia mostrou-se muito boa, possibilitando que eu reforçasse minha autoridade, me posicionando como um dos maiores especialistas em Topografia Cadastral e Georreferenciamento de Imóveis Rurais do país.

Com isso, as vendas de meus treinamentos aumentaram significativamente.

Porém, para ter resultados com esta estratégia, você precisará dedicar tempo.

Eu mesmo, faz mais de 1 nano e meio que posto conteúdo todos os dias na Fanpage.

Continuando...

Perceba que na realidade, você não precisa (e nem deve) tentar estar em todas as mídias.

O que você precisa é de uma estratégia que gere resultados, sendo que a estratégia mais poderosa existente é rodar anúncios no facebook e no Instagram educando as pessoas.

Ou seja, pegue a copy que lhe ensinei, adapte a mesma e utilize, educando as pessoas de maneira escalável.

A partir de agora lhe ensinarei mais alguns conhecimentos e estratégias, porém isso somente para que você saiba da existência das mesmas.

Alerta, cuidado, quem tenta fazer muita coisa não faz nada bem feito.

Ou seja, faça primeiramente o arroz com feijão, rode campanhas no Facebook e no Instagram, (ou seja, lá qual for a outra mídia social do momento) educando as pessoas.

Somente após ter feito isso, teste outras estratégias.

COMO UTILIZAR O YOUTUBE PARA A OBTENÇÃO DE CLIENTES

O YouTube também é outra plataforma que quando corretamente utilizada, permite a realização de muitas vendas.

A dica de ouro é plugar a utilização do e-mail marketing e inbound marketing, utilizando a chamada para a ação, fazendo com que as pessoas se cadastrem para receberem mais conteúdos sobre o tema.

Você pode, por exemplo, produzir uma série de vídeos sobre um tema e ao final dos mesmos, fazer a chamada para a ação para as pessoas baixarem um ebook com dicas extras.

O YouTube também possibilita que você coloque um botão de chamada para a ação na parte inferior dos vídeos, o que converte muito bem.

Daí você pode plugar o inbound marketing, enviando uma série de conteúdos extras com o uso de e-mail marketing, ajudando as pessoas e no final fazer sua oferta.

Ressalto que você deve primeiramente conseguir a confiança das pessoas, para somente depois fazer a oferta de seus serviços para as mesmas.

Digamos que você seja um dentista. Você pode produzir vídeos e no final dos mesmos fazer um convite para as pessoas irem até sua clínica oferecendo, por exemplo, um clareamento dental gratuito.

A grande sacada é conseguir que potenciais clientes conheçam seu estabelecimento e confiem em você, pois:

"Preço pode ser negociável, porém confiança não é!"

Ou seja, a partir do momento que você conquistar a confiança da pessoa, conseguirá a venda mesmo que seu preço seja mais alto do que o dos seus concorrentes.

ESTRATÉGIA AVANÇADA DE UTILIZAÇÃO DO YOUTUBE PARA ATRAÇÃO DE CLIENTES

Outra estratégia que você pode utilizar é o uso de campanhas patrocinadas no YouTube através do Google Ads.

Você pode produzir uns 5 a 10 vídeos através nos quais passa muito conteúdo, contando a sua história ou a história de sua empresa e colocar os mesmos rodarem por um período de 5 a 7 dias.

Sei que dependendo do seu negócio é complicado criar valor, porém utilize sua criatividade, identificando as dores do seu público-alvo e atacando as mesmas.

Lembre-se que mesmo que você seja um especialista e consiga convencer as pessoas que de fato é, se elas não confiarem em você não irão adquirir seus serviços.

Ou seja, além de mostrar que é um especialista, você precisa conquistar a confiança de seu público-alvo, sendo que a melhor forma de conseguir isso é contando sua história.

"Na realidade, seu público-alvo precisa perceber que você é uma autoridade, confiar em você e ter a dor para a qual você oferece a solução."

Se estas 3 premissas forem obedecidas, inevitavelmente você irá realizar a venda.

A grande diferença não está na mídia que você utiliza e sim na estratégia.

Vou compartilhar mais uma sacada tirada diretamente do meu baú do tesouro. No caso, a respeito de como utilizar o YouTube para criar valor.

Anteriormente falei sobre a importância de plugar uma ferramenta de e-mail marketing, através de uma chamada para a ação para baixar um ebook.

Estratégia esta que também pode ser utilizada ao você convidar a pessoa para assistir um vídeo ou palestra que está em uma outra plataforma, o qual está protegido por uma squeeze.

Saiba que existe um jeito muito mais poderoso de você posicionar sua marca como uma referência.

A grande sacada utilizada com muito êxito no marketing digital e que você pode adaptar em seu escritório, se encontra no fato que após uma pessoa conhecer você ou sua marca, você tem no máximo 7 dias para posicionar-se na mente da mesma.

Na realidade, o impacto é maior nos 3 primeiros dias, sendo que o poder de sua mensagem vai perdendo forças com o tempo.

Com isso, a partir do sétimo dia não traz mais resultados significativos.

Veja o esboço na figura abaixo.

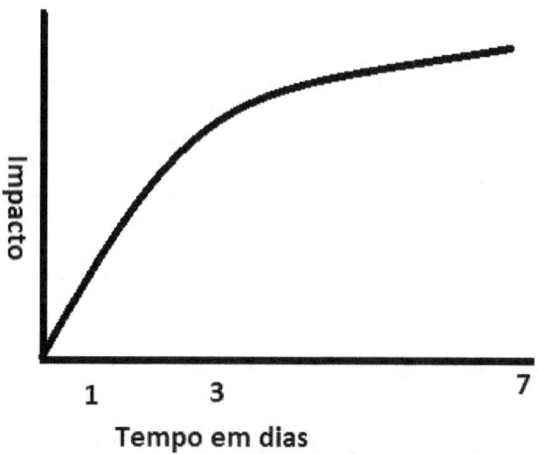

Se você resolver utilizar o Google Ads ou Facebook ads, precisa levar isso em consideração.

Produza alguns vídeos, não precisa ser muitos, pode ser uns 5, desde que estes ataquem as maiores dores do seu público-alvo.

Crie uma campanha Hiper-segmentada no Facebook, levando para uma página de seu site e coloque no mesmo um pixel do Google ads, criando um público.

Posteriormente, crie um público semelhante a partir do público criado com o pixel de remarketing, para o qual você rodará as campanhas.

A grande sacada é causar o maior impacto que você conseguir no seu público-alvo no menor intervalo de tempo possível.

Se sua criação de valor for boa, você conseguirá posicionar sua marca na mente de seu público-alvo.

Saiba que não existe milagre:

"Verba pequena não resultados grandiosos! "

Caso você deseje realmente impactar um grande número de pessoas, aconselho que reserve no mínimo uns R$ 5.000 reais. R$ 1.500 para ser utilizado no facebook e R$3.500 reais no Google ads.

Isso caso seu nicho de atuação seja pequeno. Nichos grandes exigirão verbas maiores.

Caso você deseje aprender mais a respeito do assunto, produzi um e-book no qual passo mais conhecimentos a respeito da utilização do youtube.

Youtube Para Iniciantes: Como criar um canal de sucesso e faturar de R$ 5.000 a R$ 50.000,00 por mês!

Link do e-book na Amazon:

https://amzn.to/3sHfdZm

ESTRATÉGIA AVANÇADA DE UTILIZAÇÃO DA FANPAGE PARA A OBTENÇÃO DE VENDAS

Quero trazer mais alguns estudos de caso, mostrando como utilizar a Fanpage para educar as pessoas através da utilização de postagens.

Você precisa fazer postagens que tragam o problema à tona.

Vamos ver alguns exemplos de postagens deste tipo. Para isso, eu irei utilizar algumas postagens feitas por uma dermatologista.

Seguem as mesmas:

Perceba que esta é uma postagem simples, porém que cumpre muito bem seu papel, lembrando da importância do cuidado da pele para as pessoas da terceira idade.

Segue uma segunda postagem:

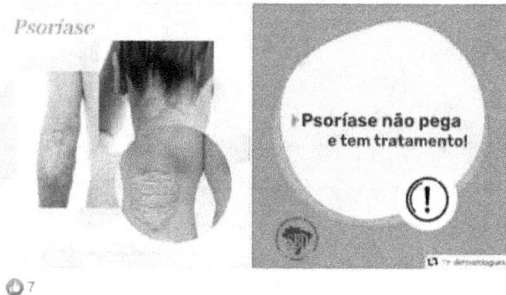

29 de outubro é o Dia Mundial de Conscientização da Psoríase. Que tal aprender um pouco mais sobre o assunto?

A psoríase é uma doença de pele inflamatória crônica, NÃO contagiosa, que afeta milhares de pessoas em todo o mundo e que causa impactos funcionais e psicossociais na vida do paciente.

A psoríase manifesta-se principalmente por lesões cutâneas em placas avermelhadas e espessas, com descamação, mais frequentes no couro cabeludo, cotovelos e joelhos. Também pode manifestar-se em áreas de dobras (psoríase invertida), nas palmas das mãos e plantas dos pés (psoríase palmoplantar), apresentar bolhas com pus (psoríase pustulosa) e acometer as unhas, podendo levar ao descolamento, surgimento de manchas e outras deformidades.
Também devemos estar atentos e lembrar que a psoríase pode apresentar-se com sintomas articulares em cerca de 30% dos pacientes, sendo fundamental o reconhecimento precoce dessa manifestação para o início do tratamento adequado e prevenção de sequelas.

Vários fatores estão relacionados com a piora da psoríase, dentre eles é importante ressaltar o estresse e os traumas físicos!

A psoríase é uma doença crônica que não possui cura mas que atualmente conta com vários tratamentos para o seu adequado controle.

Busque sempre um dermatologista para diagnóstico e tratamento correto.

E NUNCA esqueça: a Psoríase não é contagiosa! Divulgue essa informação e ajude a acabar com o preconceito!

#dermatologia #dermatosbd #psoriase #psoriasetemtratamento #psoriasenaoecontagiosa #dermatopaulacocco @ Dra. Paula Cocco - Dermatologista

Está é uma outra postagem genial. A mesma chama a atenção das pessoas utilizando o apelo para a curiosidade e, em seguida educa as pessoas.

Perceba que logo na segunda linha existe uma pergunta:

"Que tal aprender um pouco mais sobre o assunto? "

Esta abordagem é muito poderosa, pois o cérebro humano não consegue resistir a perguntas.

Vamos analisar uma terceira postagem:

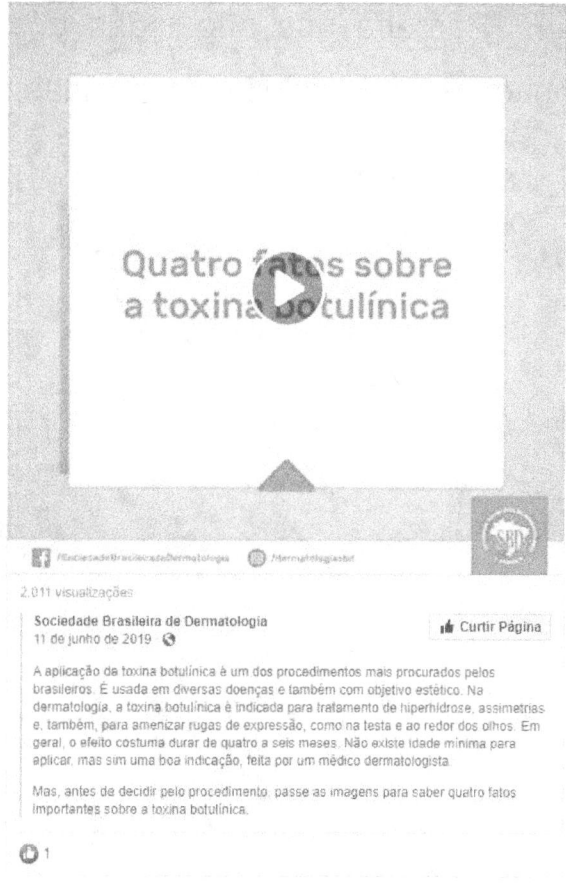

Esta é uma outra postagem muito boa. No caso, a mesma traz fatos sobre algo pelo qual as pessoas podem se interessar.

Perceba que são todas postagens muito bem pensadas e produzidas.

Segue mais uma:

São postagens que chamam a atenção, educam a pessoa e, com isso, mostram que a profissional é uma autoridade.

Como efeito colateral, algumas pessoas irão querem saber mais sobre assunto, entrando em contato e contratando os serviços.

Agora que você viu os benefícios da utilização da Fanpage, e que percebeu que é algo que quando corretamente utilizado gera resultados, preciso lhe mostrar os problemas da utilização da estratégia de utilização da Fanpage para se relacionar e tornar-se conhecido.

OS PROBLEMAS EXISTENTES POR TRÁS DA UTILIZAÇÃO DA FANPAGE

O primeiro dos problemas existentes por trás da utilização da Fanpage é que para criar uma comunidade altamente engajada, você precisa dedicar tempo todos os dias, fazendo no mínimo 1 postagem por dia.

Perceba que estamos falando de pelo menos 1 hora de dedicação diariamente para sua fanpage.

O segundo grande problema é que organicamente, você consegue chegar a apenas 2% a 5% das pessoas que curtiram sua Fanpage.

Ou seja, você passa trabalho para conseguir que as pessoas curtam sua Fanpage e, em seguida, precisa pagar para chegar a mais do que 2% da sua audiência.

Digo isso porque para chegar a 5% ou mais da audiência, a postagem precisa ser muito boa, algo que poucas postagens conseguem.

Olhe novamente parta esta postagem feita pela dermatologista do exemplo acima:

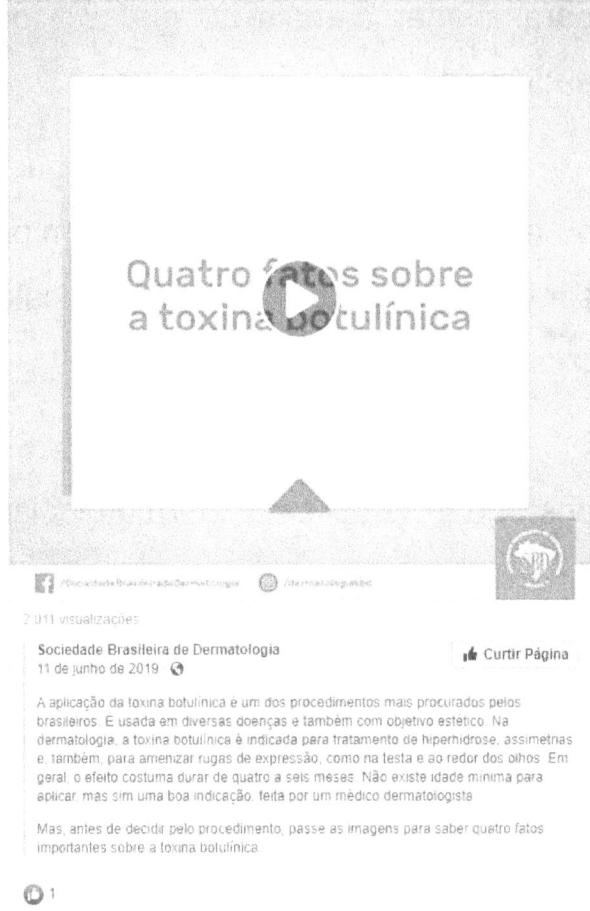

Perceba que a postagem teve apenas 1 curtida.

Ou seja, muito tempo e energia foram dedicados, porém, o resultado de todo este esforço foi algumas poucas pessoas alcançadas, conseguindo apenas 1 curtida.

Olhe para esta outra postagem:

29 de outubro é o Dia Mundial de Conscientização da Psoríase. Que tal aprender um pouco mais sobre o assunto?

A psoríase é uma doença de pele inflamatória crônica, NÃO contagiosa, que afeta milhares de pessoas em todo o mundo e que causa impactos funcionais e psicossociais na vida do paciente.

A psoríase manifesta-se principalmente por lesões cutâneas em placas avermelhadas e espessas, com descamação, mais frequentes no couro cabeludo, cotovelos e joelhos. Também pode manifestar-se em áreas de dobras (psoríase invertida), nas palmas das mãos e plantas dos pés (psoríase palmoplantar), apresentar bolhas com pus (psoríase pustulosa) e acometer as unhas, podendo levar ao descolamento, surgimento de manchas e outras deformidades.

Também devemos estar atentos e lembrar que a psoríase pode apresentar-se com sintomas articulares em cerca de 30% dos pacientes, sendo fundamental o reconhecimento precoce dessa manifestação para o início do tratamento adequado e prevenção de sequelas.

Vários fatores estão relacionados com a piora da psoríase, dentre eles é importante ressaltar o estresse e os traumas físicos!

A psoríase é uma doença crônica que não possui cura mas que atualmente conta com vários tratamentos para o seu adequado controle.

Busque sempre um dermatologista para diagnóstico e tratamento correto.

E NUNCA esqueça: a Psoríase não é contagiosa! Divulgue essa informação e ajude a acabar com o preconceito!

#dermatologia #dermatosbd #psoriase #psoriasetemtratamento #psoriasenaoecontagiosa #dermatopaulacocco @ Dra. Paula Cocco - Dermatologista

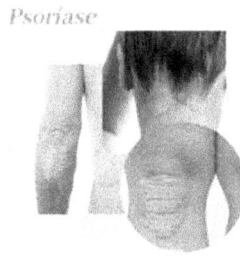

Perceba que a mesma teve apenas 7 curtidas.

Ou seja, um conteúdo de altíssima qualidade, que exigiu muito trabalho para ser produzido e tudo isso para conseguir apenas 7 curtidas.

Olhe para esta terceira imagem:

Perceba que a mesma conseguiu apenas 12 curtidas.

E finalmente para a quarta imagem:

Porque tem se falado tanto da Vitamina C atualmente é cada dia surgem mais produtos no mercado?
A vitamina C é uma grande aliada à prevenção do envelhecimento da pele, quando usada de forma tópica (cremes ou sérum).
Vamos citar alguns dos benefícios:

Função antioxidante e efeito antipoluição, trazendo uma proteção extra contra a radiação UVA e UVB.... Ver mais

Vitamina C

Enviar mensagem

37   3 comentários 1 compartilhamento

Perceba que mesmo tendo um vídeo, está postagem conseguiu apenas

37 curtidas, 3 comentários e 1 compartilhamento.

O resultado de tanto esforço adivinha qual foi?

Simples, após poucas postagens a profissional desistiu de utilizar a Fanpage.

Ou seja, provavelmente após muito se esforçar, tenha conseguido atrair apenas alguns poucos clientes através da Fanpage.

E estes são apenas os 2 primeiros problemas da utilização da fanpage.

- Exige dedicação diária;
- Exige que você coloque dinheiro, impulsionando as postagens.

O terceiro problema é que mesmo colocando dinheiro, para que você consiga manter sua audiência engajada, precisa estar constantemente trazendo conteúdos inovadores.

O problema disso é que ninguém possui uma mente tão criativa assim e, muito menos consegue dedicar tempo todos os dias para estudar e produzir conteúdo inovador.

Só conseguirá se for uma empresa de grande porte, que possui uma agência de marketing prestando serviços para ela.

Ou seja, existem profissionais trabalhando em tempo integral na produção de conteúdo.

Perceba que se você possui um escritório ou é uma empresa de pequeno porte, provavelmente não tenha dinheiro para ter 1 profissional trabalhando somente para produzir e postar conteúdos em sua Fanpage.

Já o quarto problema é que se você decidir ir contra a maré e continuar postando conteúdos em sua Fanpage, com o tempo fazer isso se tornará algo estressante e cansativo.

Um verdadeiro fardo que você precisa carregar dia após dia, tendo que abdicar de suas horas de laser para produzir conteúdo para a Fanpage.

Consequentemente, com o tempo a qualidade de suas postagens irá diminuir, sendo que o engajamento da audiência diminuirá drasticamente.

Diante disso, talvez você esteja pensando:

Utilizar o Facebook funciona somente para grandes empresas?

Esta estratégia de utilização da Fanpage sim. Isso porque você precisa ter pelo menos um profissional se dedicando, na pior das hipóteses 3 horas por dia para isso.

Porém, existe uma outra estratégia que está sendo utilizada de maneira lucrativa por donos de pequenos escritórios.

A ESTRATÉGIA QUE POSSIBILITARÁ QUE VOCÊ ATRAIA CLIENTES TODOS OS DIAS PARA SEU ESCRITÓRIO

Se você possui um escritório, provavelmente não consiga dedicar mais do que 30 minutos por dia para atrair novos clientes por dia para o mesmo.

Se este for o seu caso, esta estratégia funcionará como uma luva para você.

O segredo que possibilitará que você atraia clientes todos os dias para seu escritório, lotando sua agenda está em:

Escalar a sua mensagem para o maior número possível de pessoas!

Você precisa <u>educar as pessoas de maneira escalável</u> e isso é algo que uma fanpage não possibilita.

Isso porque através da mesma você sempre mostrará os conteúdos para as mesmas pessoas.

O segredo é criar campanhas, escalando as mesmas para o maior número de pessoas que você conseguir.

Por exemplo, vamos pegar a postagem sobre psoríase.

29 de outubro é o Dia Mundial de Conscientização da Psoríase. Que tal aprender um pouco mais sobre o assunto?

A psoríase é uma doença de pele inflamatória crônica, NÃO contagiosa, que afeta milhares de pessoas em todo o mundo e que causa impactos funcionais e psicossociais na vida do paciente.

A psoríase manifesta-se principalmente por lesões cutâneas em placas avermelhadas e espessas, com descamação, mais frequentes no couro cabeludo, cotovelos e joelhos. Também pode manifestar-se em áreas de dobras (psoríase invertida), nas palmas das mãos e plantas dos pés (psoríase palmoplantar), apresentar bolhas com pus (psoríase pustulosa) e acometer as unhas, podendo levar ao descolamento, surgimento de manchas e outras deformidades.

Também devemos estar atentos e lembrar que a psoríase pode apresentar-se com sintomas articulares em cerca de 30% dos pacientes, sendo fundamental o reconhecimento precoce dessa manifestação para o início do tratamento adequado e prevenção de sequelas.

Vários fatores estão relacionados com a piora da psoríase, dentre eles é importante ressaltar o estresse e os traumas físicos!

A psoríase é uma doença crônica que não possui cura mas que atualmente conta com vários tratamentos para o seu adequado controle.

Busque sempre um dermatologista para diagnóstico e tratamento correto.

E NUNCA esqueça: a Psoríase não é contagiosa! Divulgue essa informação e ajude a acabar com o preconceito!

#dermatologia #dermatosbd #psoríase #psoriasetemtratamento #psoriasenaoecontagiosa #dermatopaulacocco @ Dra. Paula Cocco - Dermatologista

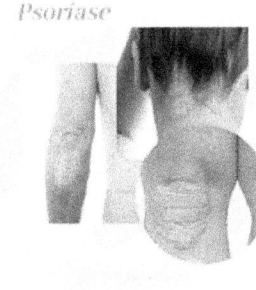
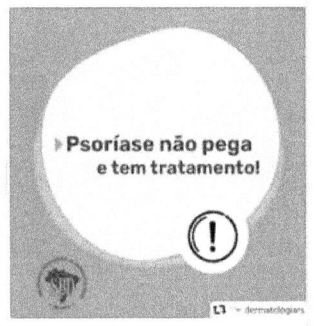

O conteúdo desta postagem é simplesmente genial e poderia atrair muitos clientes para uma clínica da área.

<u>O problema é o jeito que o conteúdo foi entregue.</u>

Por exemplo, eu colocaria este conteúdo em um anúncio segmentado utilizando um raio no entorno da empresa e escalaria o mesmo para o maior número de pessoas que conseguisse.

Com isso, atrairia dezenas de novos clientes para meu escritório.

Ao fazer isso, você conseguirá atrair novos clientes todos os dias para seu escritório, tendo um escritório de sucesso.

Reforço o que já falei várias vezes, educar as pessoas é a <u>estratégia mais poderosa existente</u> para você atrair novos clientes todos os dias, lotando sua agenda!

A segunda melhor estratégia é o marketing boca a boca. Ou seja, pessoas indicando seus serviços para os amigos delas.

Porém, o marketing boca a boca leva tempo para gerar resultados.

Ou seja, a grande vantagem de utilizar as mídias sociais do momento para educar as pessoas de maneira escalável é que você terá resultados instantâneos.

Gostou do livro?

Então não se esquece de dar 5 estrelinhas para o mesmo na Amazon.

É isso. Gratidão por você ter lido todo o livro.

Aviso importante: não se esqueça que a diferença não está em ter o conhecimento, mas sim em agir, colocando o mesmo em prática.

Logo, aplique estes conhecimentos imediatamente em sua empresa.

Do contrário, todo o tempo que você investiu na leitura deste livro terá ido jogado no lixo.

É isso.

Namaste.

Mais E-books do Professor Adenilson no Kindle

Veja abaixo uma lista com meus E-books mais lidos.

Mindset Empreendedor

Link:

http://amzn.to/38DssBf

Como Posicionar Sua Marca na Mente do Público-Alvo e Vencer Seus Concorrentes

Link
http://amzn.to/3qByQQH

Produtividade na Prática

Link:

http://amzn.to/2LOc5KE

Gestão Estratégica de Pessoas

Link:

http://amzn.to/3qzqWHD

Metas e Objetivos

Link:

http://amzn.to/2NmAKGN

Marketing Digital do Zero

Link:

http://amzn.to/3sHgMqb

Como Criar Um Site de Vendas e Ter Um negócio Online De Sucesso

Link:

http://bit.ly/criar-site-de-vendas

Técnicas de Persuasão

Link:

http://amzn.to/2M4F4K6

Atendimento ao Cliente

Link:

https://amzn.to/2LoTWCS

Empreendedorismo na Prática

Link:

https://amzn.to/3pVS4AP

www.ingramcontent.com/pod-product-compliance
Lightning Source LLC
Chambersburg PA
CBHW052342220526
45465CB00003BA/925